Tarek Leitner · Mut zur Schönheit

Tarek Leitner

MUT ZUR SCHÖNHEIT

Streitschrift gegen die Verschandelung Österreichs

Brandstätter

Inhalt

EINE FAHRT INS GRÜNE

Über eine Reise von Wien ins Salzkammergut

Kurz vor Aufbruch ins Salzkammergut gefällt es Klaus S. zu Hause immer am besten. Dann will er eigentlich gar nicht weg, sondern lieber in Wien bleiben. Aber er hat sich bei vielen angekündigt. Also packt er am Nachmittag seiner Abreise die Koffer. Wie viele seiner Branchenkollegen bewohnt er gediegenen Altbau in einem Wiener Gründerzeithaus, gemietet. Einen Stock tiefer hat er sein Architekturbüro. Es macht ihn nicht reich, aber von den Dachbodenausbauten, Geschäftseinrichtungen und vor allem von den zwei Wohnblocks zuletzt, mit geförderten Eigentumswohnungen, kann er ganz gut leben. Sein Geschmack ist das alles ja nicht unbedingt. Den hat er aber zumindest in der eigenen Wohnung und in seinem Büro umsetzen können. Ein Altbau, kombiniert mit klassisch-modernem Design, ist auch für den Nicht-Stararchitekten unabdingbar, meint er – und dieser Stil liegt ihm. Allen eigentlich, die er so kennt und sich bei den selben Cocktailpartys herumtreiben. Jetzt, mit der Aussicht, diese schöne Umgebung für drei Wochen verlassen zu müssen, gefällt sie ihm – wieder einmal – umso besser. Anstatt weiter einzupacken, streift er durch die Räume, die er – wie ihm erscheint – viel zu selten bewusst erlebt, belebt und bewohnt. Wie oft liegt er schon auf seiner Le-Corbusier-Liege und lässt seinen Blick über die Stuckdecke streifen, um darin all die Figuren und allegorischen Motive zu entdecken? Dafür ist aber auch jetzt keine Zeit. Er wird in drei Stunden erwartet und lässt die getäfelte Flügeltür hinter sich ins Schloss fallen. Schönheit, ade.

So unpraktisch ist das natürlich nicht, dass es endlich einen neuen Lift gibt, mit dem man jetzt auch hinunterfahren kann. Der alte Jugendstil-Fahrgastkorb, in den man trotz entsprechender Vorrichtung zwar schon lange keine Schilling-Münze mehr einwerfen musste, hatte dennoch nur mehr musealen Charakter – und es war streng untersagt, sich damit abwärts zu bewegen. Der neue Liftschacht allerdings verstellt jetzt den Blick auf das prächtige Stiegenhaus. Und die Baumarkt-Fliesen, mit denen nach den Umbauarbeiten die ausgebrochenen reich verzierten Steinzeugfliesen ersetzt worden sind, entsprechen auch nicht seinem Sinn für ein Ensemble. Aber man gewöhnt sich daran oder verdrängt es. Denn, wie gesagt, praktisch ist das alles. Sehr sogar, seit der Lift im Erdgeschoss direkt in die neuen Garagen führt. Vier Autostellplätz sind letztes Jahr vom Eigentümer dort errichtet worden. Einen konnte sich Klaus S. sichern – er bezahlt dafür pro Quadratmeter ein Vielfaches seiner Wohnungsmiete. Das Geschäftslokal, das einst dort war, hätte eine etwas geringere Quadratmeterrendite gebracht. Die schöne Auslagenfassade ist daher einem Rolltor gewichen. Es hat natürlich ein wenig mehr als die Auslagenfassade abgebrochen werden müssen, eigentlich fast die gesamte Straßenfassade des Hauses, aber es gibt jetzt eine kleine Ampel an den Garageneinfahrten, damit der Transitverkehr über den Gehsteig reibungslos verläuft. Man hat rasch zuschlagen müssen, die Parkplätze waren schnell weg.

Es gibt eben sehr viele Autos in dieser Stadt, und die brauchen ihre Fläche, weil sie meistens stehen – statistisch durchschnittlich 23 Stunden pro Tag. So wie jetzt, als sich Klaus S. mit hunderten auf der Wienzeile staut, entlang der schönen Flussverbauung von Otto Wagner. Rechts ist eine große Tankstelle (wichtige Infrastruktur wie die Flussverbauung, aber in ganz anderem Stil) und gleich daran anschließend – auch nicht unpraktisch – eine große Fastfoodkette. Man muss auf seiner Reise nicht einmal wirklich haltmachen, um dort Proviant einzukaufen. In mehreren Spuren kann man sich einreihen und an einer Lautsprecherbox bei einer anonym bleibenden Person Burger ordern.

Er isst ihn so unbewusst und beiläufig, wie die Baumärkte und Möbelhäuser an seiner Seite vorbeiziehen. Wieder sehr praktisch: Eines hat einen überdimensional großen roten Sessel mitten in die Landschaft gestellt. Es ist also auch den Schriftunkundigen einigermaßen klar, was hier wohl verkauft wird. Viele andere Firmen entlang der Autobahn sind noch nicht so weit. Die montieren auf den Feldern der Bauern, wenn dort nicht gerade ein paar riesige Windräder stehen und an wen auch immer rote Warnsignale senden, klassische Leuchttafeln mit Aufschriften. Groß genug und auf hohen Masten angebracht, damit sie über jede bunte Lärmschutzwand ragen. Da taucht sogar wieder ein ungeheuer großes gelbes „M“ am Horizont auf. Aber das löst bei Klaus S. nach seinem letzten Stopp an der Stadtausfahrt keinen Reiz mehr aus.

Irgendwann einmal kommt aber dann doch das Gefühl auf, endlich den urbanen Raum zu verlassen, der sich länger als jede Stadt entlang seiner Reiseroute erstreckt. Es ist bei ihm gleichsam am Tor zum Salzkammergut, das er natürlich auch deshalb aufsucht, weil er aufs Land will. Hier sieht er sogar Bauernhöfe: große Vierkanthöfe, deren letzter Zweck ist, zur Gänze als Werbefläche zu dienen. So wie ein großer weißer Blechblock, der dort steht, wo er früher immer zum ersten Mal einen freien Blick auf den majestätischen Traunstein hatte. Es sei ein Zentrallager, wie die Aufschrift verrät, die nachts auch immer gut beleuchtet ist, damit man sich darauf auf den Kilometern, bis man es tatsächlich erreicht hat, auch einstellen kann. Dass dieses Lager „XXXL“ ist, hätte man an der Fassade aber eigentlich nicht unbedingt vermerken müssen. Es ist eben jetzt ein anderer Landmark als der Berg, der ihm anzeigt, nicht mehr weit an sein Ziel zu haben. Einige Minuten noch, bis er an der richtigen Autobahnabfahrt ist. Hier werben die Konzerne kulturell schon mehr angepasst: Die überdimensionalen Träger für die Werbeaufschriften sind in dieser Gegend aufgetürmte gepresste Heuballen.

Auch hier wieder sehr praktisch: Es gibt eine neue, noch besser gelegene Autobahnabfahrt zu seinem Ziel. Dafür sind vor einigen Jahren zwar mehrere Hektar Landschaft in einen Autobahnknoten verwandelt worden, aber es erspart die Fahrt durch eine Gemeinde, die noch am Weg gelegen wäre, oder zumindest die Umfahrungsstraße am Rande dieses Orts – und damit fast zwei Minuten. Das ist schon was, nach mittlerweile zweieinhalb Stunden Fahrt.

Langsam nähert sich Klaus S. der letzten Hauptstadt, an der er vorbei muss: der Bezirkshauptstadt Gmunden. Und was rund um kleine Waldviertler Dörfer nicht fehlen darf, kündigt auch hier ein Wald bunter schlanker Fahnen an: Der Charme von Los Angeles zieht sich kilometerweit vor und nach dieser Stadt: in einer Wiederholung von Autohäusern, Baumärkten, Fastfoodrestaurants und Diskontmärkten – das Logo einer jeden Firma weht vielfach vor den leeren Parkplatzwüsten. Nur die Nagelstudios aus L. A. fehlen.

Die Betonspirale als Auffahrt in das Parkhaus eines um diese Uhrzeit längst geschlossenen Supermarkts ist grellgrün beleuchtet. Sie gleicht einem überdimensionierten Gmundner Keramik-Häferl und erinnert ihn daran, abends noch eine Tasse Tee zu nehmen.

Obwohl all die Unternehmen hier nicht mehr geöffnet haben, überstrahlen sie mit ihrer nächtlichen Beleuchtung alles, was S. in der Umgebung allenfalls hätte erkennen können, und drängen sich brutal in das Wahrnehmungsfeld eines jeden Vorbeifahrenden. Auch die Nacht kann also keinen Schleier mehr über diese geballte Hässlichkeit breiten. Da sehnt er sich dann den Winter herbei, der es an manchen Tagen für einige Stunden schafft, die Scheußlichkeiten zuzudecken und der Umgebung auf dem Weg an sein Ziel ein idyllisches Antlitz verleiht – ohne dass er Abstriche machen und seine Perspektive auf das Schöne so sehr verengen müsste.

Würde er mit verbunden Augen hierher gebracht werden, wähnte er sich an einer Kreuzung in der Shopping-City-Süd. Die Standardisierung all dieser Gebäude hat zur Folge, dass sie in keinem Kontext zu ihrer Umwelt stehen. Aber eine dazu passende Umwelt gibt es auch gar nicht. So großflächige Scheußlichkeit sollte ihn auf seinen letzten Kilometern jedenfalls nicht mehr erwarten.

Die Bausteine der Hässlichkeit sind hier kleiner: Auf dem letzten Hang, der die Bundesstraße zum Traunsee hinunterführt und von der man einen wunderbaren Blick über den See und die dahinter liegenden Berge haben könnte, wenn nicht auch hier eine Brücke die Perspektive zerschneiden würde – auf diesem Hang hat sich neulich jemand ein gar nicht so kleines (und wohl auch gar nicht so billiges) Haus gebaut. Ohne Zweifel eine der schönsten Hanglagen mit Ausblick in der Region – wäre da nicht die Lärmschutzwand, die der Liegenschaftseigentümer offenbar ganz freiwillig rund um sein Haus gezogen hat: so hoch wie sein Gebäude, eingefriedet wie eine Ritterburg. Ein solcher Ausblick ließe sich in der wenig entfernten Business-

Development-Area in Gmunden um einen Bruchteil des Kaufpreises haben. Andererseits, Klaus S. hat Respekt vor diesem Häuslbauer: immerhin einer, der nicht alle Entscheidungen in Zusammenhang mit seiner Lebensumgebung der Wirtschaftlichkeit unterordnet.

In Bad Ischl hat er Richtung Pötschenpass abzuzweigen, wo er mit seinem Auto Über- und Unterführungen nimmt, auf einer Kreuzungslandschaft, in die ein Autobahnknoten an der Südosttangente hineinpassen würde. Eine schöne alte Salzkammergutvilla mit Turm hat einen unverbaubaren Ausblick auf dieses Ungetüm. Sie heißt noch immer „Dachsteinblick". Einst hatte sie übrigens eine noch bessere Lage, denn bis vor sieben oder acht Jahren hat sich eine Autominute entfernt ein Einkaufscenter befunden, ein KGM-Markt. Danach sind in den schon einige Verfallserscheinungen zeigenden Wellblech-Bau vorübergehend Billigmöbel- und Ramschtextil-Ketten eingezogen. Jetzt steht die verrostende Ruine – immerhin unbeleuchtet, als S. vorbeifährt – schon jahrelang leer.

Um sich für all das schadlos zu halten, nimmt Klaus S. auf dem letzten Stück nicht die Bundes-, sondern die alte Dorfstraße durch den kleinen Ort Laufen, der von den Landschafts- und Ortsbildzerstörern offenbar vergessen worden ist.

Unmittelbar vor Bad Goisern (am Hallstätter See, wie es neuerdings im Zusatz heißt, um die Schönheit des Weltkulturerbeortes im Namen mitschwingen zu lassen) mündet die kurze persönliche „Umfahrung“ von Klaus S. wieder auf die Hauptstraße. An dieser Stelle gab es früher eine Tankstelle. Sie wird zwar nicht mehr gebraucht, aber auch nicht abgerissen. Eine Imbiss-Station ist im ehemaligen Kassenraum eingezogen. Der große Vorbau, unter dem einst die Zapfsäulen gestanden sind, ist gelb angestrichen; wie praktisch: Man wird gar nicht nass, falls man einmal im Regen dieses wohl ungemütlichste Lokal in der Gegend aufsuchen will. Klaus S. will das bei keinem Wetter. Außerdem ist er so gut wie am Ziel. Einer der vielen Überkopfwegweiser, der die Straße am Rande der kleinen Gemeinde überspannt, kündigt ihm neben diversen kulturellen Schönheiten des Ortes die „Abfahrt Bad Goisern Süd“ an. Quasi „last exit“, dann kommt der See.

Zumindest sein seit Jahren geliebtes Feriendomizil schien ihm in seiner Schönheit unangreifbar: Die unmittelbare Umgebung ist schon verbaut, die Aussicht in die Berge unverbaubar. Bei seiner Ankunft aber muss er feststellen, dass das alte Bauernhaus nebenan mit seinen Fachwerkelementen eine Dämmfassade bekommt. Praktisch, spart Heizkosten. Von seiner Terrasse hat er den besten Blick auf das Baugerüst.

Klaus S. würde gerne Häuser retten – aber er ist ja Architekt.

Das Leben ist schön, wenn man es durch

die richtige Brille betrachtet.

Honoré de Balzac

I

SCHEINWELT MIT SEHHILFE

Was wir wahrnehmen (wollen)

Lifestyle-Magazine und die entsprechenden Seiten der Zeitungen setzen uns eine Brille auf, durch die das Leben und vor allem die Umgebung, in der es stattfindet, tatsächlich als schön wahrgenommen werden kann. Es ist die Brille, durch die wir die Debatte mitverfolgen, welche Serviettenfalten für die heurigen Weihnachten en vogue sind, ob Vintagemöbel tatsächlich noch im Trend sind und wie das große Panoramafenster nun völlig rahmenlos herzustellen und im neuen Haus einzubauen ist. Was wir nicht mehr sehen: Was da draußen, außerhalb dieses Fensters, rund um unseren Lebensort vor sich geht.

Wir *glauben* nur noch an die schönen Landschaften in unserem Land – sehen können wir sie nicht mehr. „In die Südsteiermark", „auf den Arlberg" oder (da müsste man sich schon bemühen, wenn man das Epitheton ornans, das immer angeführte schmückende Beiwort weglassen wollte) „ins schöne Salzkammergut" – wo immer wir hinblicken: Schön sind diese Orte für uns nur noch, weil wir übereingekommen sind, dass es sich um *schöne* Orte handelt – unabhängig davon, wie sie mittlerweile wirklich aussehen. All diese schönen Regionen leben nur noch von der Schönheit, die wir aus Tradition auf sie projizieren. Wir empfinden die Landschaft schön, weil es uns etwa durch die Malerei und (Postkarten-)Photographie so anerzogen worden ist; weil uns die bis vor einiger Zeit dort praktizierte Bebauung als harmonisch gilt – und wir nicht sehen wollen, was die Menschen, die in dieser schönen Umgebung leben, an Scheußlichkeiten alles zulassen. Denn es gibt leider keine Garantie dafür, dass sich die Schönheit der Umgebung auf die Wahrnehmung der dort lebenden Menschen und ihren aktuellen gestalterischen Willen auswirkt.

Der verstorbene frühere *Profil*-Herausgeber, Hubertus Czernin, schreibt zwar im Nachwort zu einem Büchlein, in dem er die schönsten Beschreibungen des Salzkammerguts versammelt: „Und tatsächlich kann man sich des Gefühls nicht erwehren, dass sich die Menschen des Salzkammerguts jenem Bild anzupassen versuchen, das seit Jahrzehnten allen Wirklichkeiten zum Trotz überliefert wird."[1] Er kann damit aber wohl nur die Charaktereigenschaften gemeint haben, oder vielleicht den Wetterfleck. Ansonsten gehen sie zerstörerisch mit den Stereotypen um, die wir an dieser und anderen Landschaften so lieben, und tun Kritik daran als Gefühlsduselei der Fremden ab, einst belächelte Sommerfrischler, heute nicht gerade freudig erwartete Touristen. Diese bis zu einem gewissen Grad liebenswürdige Ignoranz (und die gehört zu den Charaktereigenschaften) wird mittlerweile ganz deutlich in der Landschaft sichtbar – wenn wir hinschauen.

Denn nehmen wir sie wirklich in ihrer Entstellung wahr? Und wie oft blicken wir aus dem Zugfenster hinaus, um bewusst die Landschaft anzusehen, durch die wir fahren (aus dem Auto geht das seltener, weil wir, statistisch gesehen, zumeist selber lenken)? Wie wichtig ist uns mitten in der Stadt die Gestaltung einer Hausfassade oberhalb des dritten Stockwerks? Und was bietet sich uns auf Straßenniveau an Garagentoren inmitten schönster Jugendstilfassaden? Wir können die Augen vor vielen Zumutungen zwar nicht verschließen, aber wir nehmen uns offenbar umso mehr Kraft, die Dinge auszublenden, um uns in unserer Welt dennoch wohl zu fühlen. Wir könnten einige Bereiche natürlich auch einfach als „failed landscapes" abschreiben. Aber doch nicht so viele!

Die Schönheit unserer Umgebung mag ein oberflächliches Thema sein. Aber wir leben nun einmal, wenn wir uns nicht völlig vergeistigt in der Theorie befinden, ganz praktisch an der Oberfläche – immer mehr allerdings, ohne zu merken, wie sie aussieht. Da wir aber diese Umgebung in ihrer ganzen Oberflächlichkeit ständig sehen, bei Berührungen spüren, in ihrer Atmosphäre empfinden, müssen wir uns, und zwar gar nicht so oberflächlich, mit der Umgebung, in der wir uns bewegen, auseinandersetzen. Legen wir also die Brille ab.

Schönheit und ihr Gegenteil

Wenn meine Tochter von der Schule nach Hause kommt, dann antwortet sie auf die Frage danach, wie der Tag war, sehr einsilbig mit „Schön". Das ist aber (welcher Vater würde das zu denken wagen) nicht eine Methode, die lästig fragenden Eltern los zu werden. Denn es gibt (nachweislich!) gleichsam als Beweis für die Ehrlichkeit der Antwort beizeiten auch Unmutsäußerungen über Vorkommnisse des Tages. Mit *schön*, so lässt sich bei hartnäckiger Recherche im Kinderzimmer feststellen, ist das gemeint, was wir Gesprächigeren gemeinhin mit *geglücktem Tag* umschreiben und anschließend vielleicht etwas ausführlicher beschreiben würden. Die *Schönheit des Tages* ist das Glück, das wir an ihm erfahren haben.

Gibt es aber einen *schönen Tag* in einer hässlichen Umgebung? Und ist der *hässliche Tag* eigentlich der richtige Gegensatzbegriff dazu? Wohl nicht. Denn auch Hässlichkeit folgt einer stimmigen Form. Hässlich können etwa die Fratzen beim Tiroler Perchtenlauf sein, und doch sind sie für sich genommen (und vor allem für die staunenden deutschen Wintertouristen) schön! Hans Holbeins Holzschnitte aus dem 16. Jahrhundert sind ebenso hässlich – und doch ganz schön (wenn man einen hätte). Und das gilt nicht nur für die Betrachtung aus heutiger Perspektive (die uns so manches in anderem Licht erscheinen lassen könnte, weil wir einer Projektion der modernen Sichtweise in die Vergangenheit aufsitzen könnten), sondern auch aus der Perspektive der Zeitgenossen. Jedenfalls versichert uns etwa der hl. Bernhard von Clairvaux, ein mittelalterlicher Mystiker des 12. Jahrhunderts, dass die Monster und Fratzen, wie sie uns heute noch von mancher Kathedrale dieser Zeit entgegenspringen, von den Gläubigen mit Genuss betrachtet wurden – auch wenn er selbst von Berufs wegen solches für moralisch verdammenswert hielt.[2]

Scheußlich kommt der Sache schon näher, und lässt die Widerlichkeit, das Abstoßende und den Ekel empfinden, die von ihrer Umgebung ausgehen. Dennoch ist die Beschreibung zu ernsthaft. Beim Wort *scheußlich* schwingt ein allzu ernsthafter Hintergrund mit. Da gibt es einen Täter, einen Überzeugungstäter zumeist, der die Sache gar nicht so scheußlich empfunden hat – aber sie willentlich dennoch genauso gemacht hat: Der ambitionierte Häuslbauer etwa könnte das sein, der von seinem scheußlichen Eigenheim durchaus entzückt ist.

Interessanterweise kennt nur das österreichische Deutsch einen völlig passenden Ausdruck, der das Schöne negativ definiert, einen, den es in der deutschen Hochsprache nicht gibt: *schiech* (so wird es im Wörterbuch versucht zu schreiben), oder eigentlich immer *schiach* gesprochen. So bezeichnen wir vieles, das uns umgibt. Einzig beim Begriff schiach schwingt die Belanglosigkeit mit, die der Sache innewohnt, vor allem ihre gestalterische Intention, aus der heraus sie gemacht worden ist. Was schiach ist, hätte nicht so werden sollen. Nicht nur nicht schiach, sondern überhaupt ganz anders. *So* wollte es eigentlich keiner. Aber viele denken beim Hinsehen: „Eh wurscht."

Wir haben leider nicht eine Schwäche für das Ästhetische, sondern eine ästhetische Schwäche: Obwohl ein katholisches Land, das uns in seinen Äußerlichkeiten an vielen Orten immer wieder zu (etwa barocker) Lebenslust animieren würde, hat der calvinistische Puritanismus doch massiv Einzug gehalten; nicht im religiösen Sinn natürlich, aber mit einer Lust an Verbotenem: vom Alkohol (in welcher seriösen TV-Diskussionssendung wird er noch getrunken?) bis zum Tabak (das Rauchverbot auf der Straße ist so abwegig nicht mehr), vom Müßiggang („Leistung muss sich wieder lohnen" in unserer „solidarischen Hochleistungsgesellschaft") bis zur – erraten – Schönheit (wer hat eine Rentabilitätsrechnung für sie?).

Wer also nicht in völliger Gleichgültigkeit über die Verschandelung seiner Lebensumgebung „Eh wurscht" denkt, versteckt die Rentabilitätsrechnung hinter der vermeintlich unlösbaren und daher die Debatte beendenden Geschmacksfrage. „Scheh is a Weiberarsch" ist als Beendigung der Debatte von einem Bürgermeister einer Gemeinde in schönster Umgebung überliefert;[3] und zwar als Begründung für so manche Hässlichkeit und Verschandelung, die er dort als Politiker betrieben und als Baubehörde zugelassen hat.

Der je nach Sichtweise derbe oder launige Hinweis auf die Unnötigkeit, über die Verschandelung zu diskutieren, ist in gewisser Weise aber nicht so abwegig. Es ist aber aus gegenteiligem Grund unnötig, darüber zu streiten: Weil es uns allen im Grunde klar ist, womit wir die Umgebung verschandeln, und wir das auch alle benennen können (auch wenn es selten einen über die Benennung hinaus lauten Aufschrei gibt, weil wir - siehe oben - einfach nicht mehr so genau hinsehen, was uns umgibt).

Schönheit und ihr Streit

An der Schönheit haben sich schon viele Philosophen seit der Antike abgearbeitet: von Platons Gleichung, wonach das Schöne wohl auch das Gute sein muss, bis zu Vitruvs konkreter Ausgestaltung des Schönen in der Architektur. Viele tun es heute ebenso intensiv: von Ecos *Geschichte der Schönheit*[4] bis Liessmanns *Kitsch*[5]. Wie bei allen philosophischen Fragen kommt es aber nicht darauf an, ob ein kleiner Kreis im Lichte der Schreibtischlampe Erkenntnisse gewinnt, sondern ob die Menschen in einem großen Umfang mit *Schönheit* etwas anfangen können: Es geht nicht darum, die Schönheit zu beschreiben, sondern die Welt schöner zu machen. Und obwohl die Entstellung unserer Umgebung objektiv auszumachen ist, verschanzen wir uns gerne hinter den Geschmacksfragen.

„Geschmäcker und Watschen sind verschieden" wird dann als unumstößliche Erklärung ins Treffen geführt, allenfalls auch das lateinische Sprichwort strapaziert: De gustibus non est disputandum (Über Geschmäcker lässt sich nicht streiten). Unabhängig dieser Übersetzung heißt es allerdings meist: Ob's schön ist, darüber kann man streiten. Aber letztlich ist es in der Regel dem indifferenten Betrachter landschaftlicher Scheußlichkeiten völlig gleichgültig, ob man nun kann oder nicht. Es ist ja alles nicht so schlimm, solange man sich beim Diskonter im Niemandsland ein paar Cent sparen kann.

Dass es dort nicht schön ist, das ist allerdings keine Geschmacksfrage, sondern unstrittig – und das macht uns das Unterfangen dieser Schrift schon leichter. In hunderten von Studien hat sich bestätigt, dass Menschen sich erstaunlich einig sind, wenn es um die Schönheit des Gesichtes geht.[6] Als Faustregel lässt sich sagen: Ungefähr die Hälfte unseres Schönheitsurteils ist „objektiv" – überschneidet sich also mit dem unserer Mitmenschen.

Wie sehr das übertragbar ist, zeigen die Ströme von Touristen, die im Wesentlichen ähnliche Ziele, seien es Kathedralen oder Südseeinseln, Fjorde oder Bergkämme, übereinstimmend als schön empfinden (manchmal hilft dabei auch die Anzahl der *Baedeker*-Sternchen im Reiseführer). Schönheit lässt sich also quantifizieren, ohne dass man sich lange damit aufhält, was sie nun eigentlich ausmacht.[7] Kaum jemand verbringt seinen Winterurlaub in Liezen oder fährt zur Sommerfrische nach Attnang-Puchheim, obwohl beides so verkehrsgünstig liegt. Es braucht uns niemand zu erklären, dass diese Orte nicht schön sind – und wir brauchen auch nicht die intellektuelle Einsicht, das zu verstehen. Es versteht sich von selbst.

Schönheit und ihre Schönheit

Anders als bei den Kathedralen oder Südseeinseln ist es in der Kunst oft nötig, sich mit der Materie eingehend zu befassen, um Kunst-Genuss erleben zu können, also um die Kunst für sich auch tatsächlich *schön* finden zu können. Ein Rundgang durch das Wiener Mumok ohne ausreichende Vorbildung kann bei so mancher Ausstellung ganz schön frustrierend sein. Ähnlich ist es wohl für den durchschnittlichen Ö3-Hörer, wenn man ihn unvorbereitet in ein Zwölf-Ton-Konzert setzt. In beiden Fällen aber (wie es der Ausdruck *Vor-Bildung* schon nahelegt) hat das etwas mit dem zuvor angeeigneten Wissen des Einzelnen zu tun, der sich ein bestimmtes Reich erschließen will. Wer das mangels Bildung nicht kann, oder trotz ausreichender Bildung einfach nicht will, kann sich diesen (dann strapaziösen) Genüssen aber immerhin entziehen.

An unsere Lebensumgebung aber müssen wir andere Maßstäbe anlegen. Wir dürfen Vorbildung zu ihrer *richtigen* Wahrnehmung nicht vorauszusetzen, denn wir können nicht mit geschlossenen Augen durchs Leben, durch die Stadt oder übers Land gehen. Und wir können nicht von allen Menschen die Bildung verlangen, die mancher Landschafts- und Gebäudegestalter (nicht alle sind Architekten) voraussetzen, um ihre Kreativität zu verstehen. Oft reicht dazu aber nicht einmal beste Bildung. Um zumindest nachvollziehen zu können, was sich jemand bei so manchem Bauwerk gedacht hat, muss man nachdrücklich der PR-Maschinerie ausgesetzt werden, die das Großprojekt begleitet. Warum die schöne aus den 50er Jahren stammende, unter Denkmalschutz stehende Halle des Wiener Westbahnhofs von zwei Wellblechkästen verstellt wird, wird im Kleingedruckten des Beipacktextes (den natürlich kein Passant zu Gesicht bekommt) mitgeliefert: „Die Architekten haben auf drei Ebenen eine Welt des ‚S' geschaffen – Sehen, Staunen, Shoppen." Aha, und weiter: „Die neuen Baukörper verzichten absichtlich auf eine architektonische Fortsetzung der Fünfziger-Jahre-Architektur."[8] Und wir dachten schon, es war ein Versehen ...

Schönheit in unserer Lebensumgebung muss sich anders erschließen als in diesem Immobilienmaklerjargon, der Mieter für die Bahnhofsgeschäfte anziehen soll. Man braucht keine Harmonielehre, die man über den Kopf verinnerlicht, wenn das Gefühl dafür fehlt, und dafür, welche Form man einer anderen zumuten kann, welches Material zu einem anderen passt. Manchmal reicht es schon, ein wenig in sich hineinzuhorchen und zu ergründen, was man als angenehm empfindet. Es kann auch nicht Voraussetzung sein, die *Farbenlehre* und den *Goldenen Schnitt* erklären zu können, um Schönheit in der Umgebung wahrnehmen oder herstellen zu können.

Und tatsächlich sind die, die das gelernt haben, die Architekten, in immer geringerem Maße für das beherrschende Bild unserer Umgebung verantwortlich. Vielmehr sind es die großen Auftraggeber (die etwa in der Wellblechhalle das Ideal wirtschaftlicher Raumschaffung sehen) am einen Ende des gestalterischen Prozesses, und die Benützer, Bewohner und vor allem die Herumbastler (die das gelungene Werk dann noch ein bisschen „praktischer" machen wollen) am anderen Ende. Sie alle greifen in unsere Umwelt besonders sichtbar ein.

Gegen beide kommt der, der von Berufs wegen *schön gestalten* könnte, kaum an. Seine Idee, die zu Beginn gedachte Grundkonzeption, kann durch so viele Kleinigkeiten, die alle dem Postulat der Wirtschaftlichkeit unterliegen, vernichtet werden: Das alte urige Bauernhaus verträgt eben keine Alu-Schiebefenster. Aber es ist natürlich gar nicht so leicht, das richtige Fenster zu finden, wenn einem die Werbung „das schnellste Fenster" anpreist und suggeriert, das sei ein Qualitätskriterium. Ganz gleich welches, es wird dann in größter Geschwindigkeit in jene Häuser eingebaut, die noch jahrelang unverputzt und halbfertig (aber natürlich bewohnt) in der Landschaft stehen und ihr über eine ganze Generation hinweg den Charakter einer Baustelle verleihen.

Hüten wir uns also vor jenen, die uns ständig das Praktische einreden wollen: Die Schönheit verträgt keine Ingenieure.

Schönheit und ihre Technik

Wenn es nicht die Wirtschaftlichkeit ist, auf die es zumeist zurückzuführen ist, dann sind es vermeintlich technische Notwendigkeiten, nach denen wir das Aussehen unserer Umgebung gestalten. Es herrscht die Philosophie der Ingenieure, und sie steckt in uns allen. Jeder Häuslbauer verwendet mehr Gedanken darauf, wie Beheizung, Kühlung, Beschattung, Dämmung, Verrohrung, Haustechnik etc. auszusehen haben als auf das äußere Erscheinungsbild der Räume, die ihn ein Leben lang umgeben werden. „Es ist die Pflicht der Architektur, Nützliches, Praktisches und Zweckmäßiges in etwas Schönes zu verwandeln", forderte der Architekt Karl Friedrich Schinkel, über den selbst Adolf Loos bedauert, dass wir ihn vergessen haben.[9] Umgebung entsteht weitgehend aus dem Zusammenstellen von technischen Notwendigkeiten, was noch der bessere Fall ist – denn zumeist ist es ein zusammenhangloses Nebeneinander. Da werden Solar-Anlagen auf Fassade und Dächer geschraubt oder Wärmepumpen in die Vorgärten gesetzt und Häuser „zu Tode gedämmt".[10]

Das Motiv dafür sind vielfach nicht ganz schlüssig durchgerechnete finanzielle Einsparungen. Der Häuslbauer, der drei anstatt von nur zwei Heizungssystemen zu seinen Lebzeiten ins Eigenheim einbaut, vernachlässigt gerne die Investitionskosten der dritten; noch mehr, die ökologischen Implikationen, die in diesem Zusammenhang gerne vorgeschoben werden. Die dicke südseitige Dämmung macht das Haus zwar nicht Energie-effizienter (im Gegenteil), fördert aber die chemische Industrie, die einige zentimeterdicke Schichten liefert, die wir aufs Haus pappen – und von denen wir nicht wissen, was wir in ein paar Jahren damit machen sollen.

Das Haus oder die Wohnung zu lüften und dabei die Vögel zwitschern oder den Wind rauschen zu hören, ist nicht mehr gestattet, weil der neue Raumlüfter sonst durcheinander kommt. Der hat zwar eine Wärmerückgewinnung, braucht dafür allerdings ein bisserl Strom. Das unnatürliche Leben zieht ein: Wir haben dann zwar einen Energieausweis im Aktenschrank (den braucht man seit geraumer Zeit) – aber zunehmende Hässlichkeit im Haus und am Haus.

Am Rande einer Siedlung, vor dem Waldrand am Hang eines Voralpenberges, entdeckte ich zuletzt eine malerische Holzhütte. Nicht nur ihr Dach war, wie wir das mittlerweile so oft beobachten können, ein einziges Solarzellenfeld, nicht nur auf der Wiese davor standen unvermittelt riesige schräge schwarze Platten, auch das gesamte Haus war mit

Ausnahme einiger Fensteröffnungen vollständig damit eingerüstet. Wohl zum Glück des Besitzers waren diese alten Fenster nur ganz kleine Öffnungen, wodurch nicht allzu viel Solarplattenfläche verloren ging und eine Menge Energie erzeugt werden konnte, die darin niemand sinnvollerweise verbrauchen kann.

Auch im Dämm-Wahn sind Häuser zu zerstören, wie ich am Auftrag, den ein befreundeter Architekt in Wien erhalten hatte, miterleben konnte. Er hatte eine tadellos erhaltene Jugendstilfassade zu dämmen, also außen mit Styroporplatten zu verkleiden. Diese Zerstörung war dem auftraggebenden Immobilieninvestor (auf diese Spezies werden wir noch zu sprechen kommen) deshalb wichtig, weil es dafür öffentliche Fördermittel gegeben hat.

Wir nehmen das alles aber nicht mehr als Angriff auf unsere Lebensumgebung wahr, von Menschen, die wir als sich gegen uns stellend betrachten, wie solche, die uns auf offener Straße einfach ins Gesicht spucken würden. Wir gewinnen solchen Entwicklungen sogar noch die Anmutung des Fortschritts ab, machen die Gebäudetechnik zu unserem Fetisch und kaufen in der Buchhandlung *Die 100 schönsten Niedrigenergiehäuser*, ein Titel, der natürlich nicht in der Kunstbuchabteilung zu finden ist …

Wir wissen unter den Rigips-Platten an der Wohnzimmerdecke die Elektrik, die Wasserrohre oder gar die Deckenheizung versteckt. Und wir lassen daher den gestalteten Raum und das Gefühl dafür schon weit darunter aufhören.

Was könnte es uns geben, uns von der Couch aus entspannt in einer anmutigen, künstlerisch gestalteten Oberfläche von Stuck bis Malerei, von Leuchten und Lustern bis Täfelungen und Trägern zu verlieren und überrascht festzustellen: Da hat doch tatsächlich jemand, weit oben, in der alltäglichen Benützung überhaupt nicht wahrzunehmen, eine ganz kleinteilige Verzierung angebracht – ist es ein Blume, ein Tierkopf, eine Szene aus dem Leben?

In manchem Jahrhundertwendehaus (in Wien sind etliche Beispiele dafür zu finden) verschwinden die schönsten Zimmerdecken, weil Stahlkonstruktionen eingebaut werden müssen, damit im Falle eines Erdbebens nicht der neue Dachbodenausbau das Haus einstürzen lässt. Da spielt dann „Ehrlichkeit" beim verwendeten Material keine so große Rolle mehr: Es verschwindet in einer Hohldecke – gemeinsam mit dem schönen Stuck.

Es waren die Ingenieure des 19. Jahrhunderts, die die Architekten mit der Geschäftsidee angesteckt haben, nur so viel zu investieren, wie nötig ist, um den Zweck des Gebäudes zu erfüllen. Die Architekten haben in ihrer Not diese Idee allerdings (unter Zwang von ebenso wirtschaftlich denkenden Bauherrn) zur Ideologie erhoben: Die nackte Ausführung des Konstruktionsplanes ist *ehrlich*, eine nicht tragende Säule ist das Gegenteil; von dekorativen Elementen ganz zu schweigen.

Warum sind uns die Argumente, die zu einer geradezu reduktionistischen Ideologie führen, aber so leicht zugänglich? Weil wir in einer Intensität wie nie zuvor bereit sind, uns tatsächlich jede Schönheit in unserer Umgebung abkaufen zu lassen; oft nur für ein paar Cent. Das Leben als Sparkonto zu betrachten, hat sich durchgesetzt: Wo etwas einzusparen ist, wird es auch gemacht (jedenfalls angestrebt; von den vielen Unzulänglichkeiten dabei wollen wir an dieser Stelle absehen). Auf der Strecke bleibt dabei, im Genuss der Schönheit zu leben, weil wir den Genuss zunehmend ablehnen.[11] Wenn Raucher ihre Zigarette dicht gedrängt in einem Glassturz genießen müssen, wie wir das auf Flughäfen und in immer mehr Firmengebäuden beobachten können, dann wollen wir damit längst nicht mehr die Nichtraucher schützen. Mit der absoluten Abwesenheit von Schönheit sollen sie gedemütigt werden. Wir haben mittlerweile ein ordentliches Problem mit dem Genießen bekommen. Wir verbieten uns selbst immer mehr; durch Gesetze oder politische Korrektheit, nicht nur in der Architektur: Bier ohne Alkohol, Zigaretten ohne Tabak, Mayonnaise ohne Fett, Sex ohne Körperlichkeit. Wir nehmen den Dingen ihre eigentliche Substanz, ihr Wesen – so wie der Lebensumgebung ihre Schönheit.

Seit die Moderne die „Ehrlichkeit“ in Gestaltungsfragen postuliert, müssen wir Scheußlichkeiten an Infrastruktur hinnehmen: Parkplatzwüsten und Blechhallen samt Fahnenwald, praktische Transiträume, in denen sich jeder auch blind zurechtfindet – alles unverhüllt und ohne die Absicht gefertigt, schön zu sein. Daraus ist der Begriff der „Ehrlichkeit“ gemacht. Wenn uns all das also auch noch als Schönheit einzureden versucht wird, sind wir an des Kaisers neue Kleider erinnert, die so transparent und ehrlich waren, wie sie der Gestaltung unserer Umgebung oft angedichtet wird. Fraglich ist nur, warum bei den Glasfassaden vieler Bankgebäude nur die Architekten die „Transparenz“ im Munde geführt haben. Das Gebäude der Klagenfurter Hypo-Alpe-Adria etwa ist so transparent gebaut, dass man der Bank seit dem Jahr 2000 nicht eine Malversation hätte zutrauen dürfen. Wir sollten die Umdeutung der Schönheit also durchschauen!

Schönheit und ihre Fassade

Wie die im Spalier stehenden Bürger in der Geschichte von *Des Kaisers neue Kleider* umfängt uns ein Unbehagen, wenn wir in großem Stile an Fassaden und in Innenräumen ganz *rein* die Materialen verarbeitet sehen. Außen ein Glas- oder Wellblechwürfel, innen Beton, aber alles *ehrlich*, nichts behübscht und nichts verdeckt; das Material, mit dem gebaut wurde, soll sich nur nicht vor dem Benutzer verstecken, wird uns entgegengehalten – es soll nackt sein. Und doch stellen wir – wie die den Kaiser verratenden Kinder – in kindlicher Einfachheit fest: Uns fehlt eine emotionale Bindung zu dieser Umgebung. Wir rutschen gleichsam ab von diesen vielen glatten, kalten, uns selbst spiegelnden Flächen. Sie erzählen uns nichts, wir bleiben mit den Augen an keinen Strukturen hängen. Ein solcher Glaswürfel inmitten gründerzeitlicher Häuser bildet vielleicht noch einen interessanten Kontrapunkt – aber der lebt eben, wie der Namen schon nahelegt, nur durch das *Kontra* zu seiner Umgebung, etwa dadurch, dass er spiegelt, was auf der anderen Seite schön ist.

Die spiegelnde Fassade ist gleichzeitig mit den verspiegelten Sonnenbrillen der frühen 80er Jahre modern geworden, wird aber immer noch gern verwendet. Argumentiert wird sie etwa so: „Da werfen wir die Entwicklungsgeschichte auf sich selbst zurück – und verzerren sie ein wenig, um sie in ihrer Wirkung zurechtzurücken"; klingt gut, heißt aber auch nichts anderes als: Etwas Besseres als das bestehende Gebäude gegenüber, das sich jetzt darin spiegelt, ist mir nicht eingefallen. Da sehen wir dann das, was ohnedies schon seit Jahrzehnten besteht – und sehen uns doch lieber das Original an. Tatsächlich war das eine der Überlegungen für Mitteleuropas wohl interessantesten Bauplatz, für das Haas-Haus gegenüber dem Stephansdom im Herzen Wiens.

Wenn uns ein zweifelhaftes Gebäude das Gegenüber schon nicht spiegelt, dann muss es zumindest einen schönen Ausblick auf das Schöne haben. Da kommt es also darauf an, den Blick des Benutzers des Gebäudes gezielt nach draußen zu lenken. Die Schönheit des eigenen Gebäudes wird definiert durch den Blick auf etwas anderes, auf etwas sehr Schönes.

Das zuletzt viel besprochene neue Haus der Textilkette Peek & Cloppenburg in der Wiener Kärntner Straße ist den Lesern abseits einschlägiger Architekturmagazine einerseits mit dem Blick nach draußen vorgestellt worden (durch einen viereckigen Rahmen waren Gründerzeitfassaden zu sehen) oder – von außen – als abstraktes Gittermuster. In den vielen Erläuterungen zu dem Haus im Zuge der breiten Eröffnungsberichterstattung heißt es unter anderem, dem Entwurf liege der Gedanke eines „Hauses mit Fenstern" zugrunde. So selbstverständlich ist das also offenbar gar nicht. Tatsächlich hätte es aber genauso gut eine geschlossene Halle werden können. Denn die Fenster werden, wie sich herausstellt, gar nicht gebraucht. Der Textilhändler stellt in der Regel Regale vor die Fenster seiner Verkaufshäuser.

Aus dem „Weltstadthaus", wie es sich nennt (und dessen Name sich dem unbedarften Wien-Besucher, der gerade von Staatsoper zu Stephansdom hastet, wohl nicht erschließt) soll also vor allem *hinaus*geschaut werden. Wie auch andere Landmarks neueren Datums hauptsächlich darauf setzen, dass daraus etwas zu sehen, was von ihnen verschieden ist: zuvor da gewesenes, das in seiner Schönheit in die Wirkung des neuen Gebäudes integriert werden soll. Hochhäuser am Rande der historischen Wiener Altstadt ziehen Aufmerksamkeit auf sich, nicht weil sie selbst bemerkenswert sind, sondern weil aus deren obersten verglasten Geschossen ein *schöner Blick* möglich ist. Es ist das Gegenteil der Spiegelfassade: Hier soll das Bild nicht für den Vorbeigehenden zurückgeworfen werden, sondern für den Benutzer der Gebäude soll die Umgebung (etwa die nächtens märchenhaft beleuchteten Kuppeln in der Wiener Innenstadt) die Wirkung des Gebäudes, in dem es sich befindet, ausmachen. In diesem Sinne könnte man auch eine heruntergekommene Tankstelle als schön bezeichnen. Sie steht in der Sichtachse vor der Hauptfront von Schloss Schönbrunn. Wer heute also prüfen will, welchen Ausblick einst der Kaiser aus seiner nutzlosen Prächtigkeit hatte, ist mit dem wirtschaftlichsten Gegenüber konfrontiert. Es empfiehlt sich daher besser der Besuch im Stehbuffet der Tankstelle; es bietet den Blick in die andere Richtung: auf eines der, gemessen an der Besucherzahl, schönsten Bauwerke. Und trotzdem werden wir diese Tankstelle immer als Verschandelung dieses Orts empfinden und nicht als schön. Sie erzählt uns nichts, sie hat kein Wesen, und ihr fehlt jede Schönheit. Dem Wesen unserer Umgebung wollen wir uns in Kapitel IV widmen. Vorerst müssen wir uns die Frage stellen, ob wir uns diesen Oberflächlichkeiten, die sie ganz im Wortsinne sind, angesichts der Probleme der Welt überhaupt widmen dürfen.

Ein Nutzen der Schönheit liegt nicht klar zutage.

Sigmund Freud

II

EINENGUNG DER TOLERANZGRENZE

Dürfen wir uns empören?

Empörungen haben Konjunktur. Gegenwärtig sind es aber ganz andere als die über die Abwesenheit von Schönheit. Empört-Euch-Schriften zielen auf die Ungerechtigkeiten in der globalen Gesellschaft ab und treffen, wie an den Wutbürgern und Occupy-Bewegten zu sehen ist, eine Grundstimmung unserer Zeit. Es geht dabei um demokratische Mitbestimmung, Einsatz für Bildung, Engagement gegen Armut, Kampf um Gleichheit – und das alles natürlich aus dem Blickwinkel der herrschenden wirtschaftlichen Verhältnisse, die es zu ändern gilt. Es geht also um unsichtbare innere Zustände einer Gesellschaft. Wenn einst die französische Philosophin und Mystikerin Simone Weil erklärte, „die Arbeiter haben ein noch größeres Bedürfnis nach Poesie als nach Brot",[12] dann tun wir das nicht einmal mehr als träumerischen Idealismus einer Linksintellektuellen ab, sondern empfinden es als zu gering. Denn politisch gilt es gegenwärtig entweder als zu kleinlich oder als abgehoben, sich für jede Birnbaumallee zu engagieren. Wenn es doch gerade darum geht, die Welt vor dem Klima-GAU zu retten, können wir uns nicht um jeden Lagerhausturm, um jedes Shopping-Center kümmern, das den Menschen die Poesie des Lebens raubt. Da gibt es dann in allen Parteien plötzlich nur noch Realos. Wer sich einst dem Umweltschutz verschrieben hat (der immer auch ein Schutz unserer Lebensumgebung vor Scheußlichkeiten war), hat mit dem Kampf gegen den globalen CO_2-Ausstoß viel grundlegendere Betätigungsfelder gefunden. Wer aber bleibt uns als Kämpfer gegen das Auffressen von Landschaft und Naturräumen (von Naturlandschaft ist ohnedies in kaum einem Gebiet unter zweieinhalbtausend Meter Seehöhe zu reden) und gegen die um sich greifende Aneignung urbanen Raums durch Konzerne? Wir können doch nicht so viel verwahrloste Umgebung hinnehmen!

Leben mit Fragmenten

Mut zur Schönheit ist Umweltschutz im engsten Sinn. Es ist Einfluss auf jene Umwelt, die wir bewusst wie keine andere wahrnehmen, in der wir leben, die wir vor allem sehen – was bekanntlich einer der stärksten Sinneseindrücke ist, den wir Menschen haben.

Die Stadtverwaltung nimmt sich (ganz zu Recht natürlich) dem *Littering*-Problem an und plakatiert „Die Straße ist kein Mistkübel“, währenddessen in viel größerem Maßstab jede Scheußlichkeit in die Landschaft und den uns umgebenden Raum geworfen werden darf. Unsere Vorstellungskraft reicht nicht aus für einen Mistkübel, in dem all die Hässlichkeiten unserer Umgebung entsorgt werden können. Jedes noch so große Büro- oder Wohnhausungetüm kann auf Schulden finanziert werden. Bedarf dafür wird später schon geschaffen. Schuldenfinanzierte Urbanisierung ist geradezu zu einem globalisierten Business geworden.[13]

Die Folge davon ist eine desaströse Fragmentierung der Lebensbereiche. Es entstehen Business-Quarters (eine deutsche Bezeichnung wäre irreführend und hat sich daher auch nicht gefunden), in denen unüberschaubare Bürokomplexe in den Himmel wachsen und in denen den vielen Fenstern zufolge auch viele Menschen arbeiten müssten. Man findet sie in den blank geputzten, steinplattenausgelegten Schluchten dazwischen aber nie. Ein-, zweimal am Tag vielleicht, wenn sie ein paar Meter durchs Freie in den nächsten U-Bahn-Schacht huschen. Aus diesem Grund entsteht natürlich am Fuße der spiegelnden Glasfassaden kein ungeordnetes, ungeplantes und dort letztlich ungewünschtes Leben: Da kann kein kleiner Gastronom seinen Imbiss-Laden aufmachen, kein Standler seine Ware auslegen – da will (und soll ganz offenbar) niemand flanieren und die Umgebung genießen.

Genuss gibt es an anderer Stelle – und wiederum nicht dort, wo die meisten wohnen (weil sie es sich nicht leisten können): in den „Latte-Macchiato-Zonen"[14]. Da herrscht kurz – wir halten uns nie allzu lange hier auf – die Kleinteiligkeit vor, die dem Maßstab unseres Aktionsradius (dem richtigen Maßstab werden wir uns im nächsten Kapitel widmen) viel mehr entspricht. Hier entsteht eine Lebendigkeit – und hier ist eine Zone, die wir in einer fremden Stadt als Touristen aus gutem Grund meist als einzige besuchen. Der Aufenthalt hier gilt als Ausweis eines „ökonomisch und sozial erfolgreichen Lebens"[15] – und somit als schön im Sinne eines geglückten Lebens.

Am Leben in den Latte-Macchiato-Zonen kann aber ein Großteil der Gesellschaft nicht teilnehmen, weil er sich in den Diskontzonen aufhält, wo großflächige Parkplätze (sei es im Shopping-Center oder vor den Wohnblocks) den öffentlichen Raum prägen. Die Fragmentierung von „schöner Umgebung – hässlicher Umgebung" wird also auch zu einer sozialen Fragmentierung: Es sind nicht nur die Immobilienpreise in den Diskontzonen, die diesen Unterschied machen, es sind auch die die Lebensmittelpreise und die damit verbundene Art des Angebots, die öffentliche Verkehrsanbindung bis zu den Verhaltensweisen der Menschen.

Diese Fragmentierung ist die Folge von gewaltigen Investments am Immobiliensektor – und nicht etwa eine Orientierung am Architekten Le Corbusier, der in den 30er Jahren die Entflechtung städtischer Funktionsbereiche postuliert hat, also die Schaffung von Wohn-, Arbeits- und Freizeitzonen, die besonders autogerecht miteinander verbunden sein sollen. Zwar kann man ihm die zugrunde liegende Idee, dass er damit den engen und ungesunden Lebensverhältnissen in der Stadt von damals entgegentreten wollte, zugutehalten. Das Ungesunde haben wir mittlerweile aber technologisch gelöst, die Enge (und damit ist vor allem die bunte urbane Kleinteiligkeit und nicht die Häuserschlucht zwischen den neuen Bürokomplexen gemeint) suchen wir in der Stadt mehr denn je ganz gezielt auf.

Auch die lange gültige Unterscheidung zwischen Land- und Stadtmenschen ist damit ein Auslaufmodell. Vielmehr kommt es bei der (vorurteilsbehafteten) Klassifizierung der Menschen mehr auf die spezifische Region an, in der sie leben – und darauf, wie schön sie ist. Diskontzonen, wie oben beschrieben, gibt es mittlerweile in sich auflösenden ruralen Regionen in gleichem Umfang wie in der Stadt. Der Städter oder Landbewohner ist abgelöst vom Bewohner eines bestimmten Viertels, was in der Regel eine genaue Zuordnung zu Klasse oder Schicht zulässt.[16]

Heute drückt sich der Mangel unterprivilegierter Schichten (und vor allem jener, die zwar dem Mittelstand zuzurechnen sind, aber ständig in der Angst leben, abzurutschen) weniger in solch völlig ökonomischer Kraftlosigkeit aus: Ein Fertigteilhaus in einem „Entwicklungsgebiet der Gemeinde" geht sich auf Schulden allemal noch aus (falls doch nicht, sind es eben nur ein paar neue Gadgets aus der Mediamarkt-Blödmann-Unterhaltungsabteilung, die die Öffentlichkeit nicht zu Gesicht bekommt). Der Unterschied zum vorindustriellen Zeitalter ist allerdings jener, dass diese Gruppe Menschen die Unterhaltungsindustrie mit Entertainment als oberster Maxime gelungener Lebensgestaltung nachdrücklich verdummen ließ. Nur so ist sie bereit, viele Hässlichkeiten selbst zu schaffen, jedenfalls aber in der Lebensumgebung zu akzeptieren.

Schönheit hängt also nicht in der Form mit ökonomischer Kraft zusammen, dass Geld Voraussetzung für Schönheit wäre. Barfuß in der Wiese zu laufen und das Spiel mit Klettern auf die Kirschbäume zuzubringen, was einst als ärmlichere Variante des Freizeitvergnügens gegolten hat, ist heute nur Wohlhabenderen zugänglich – obwohl vorderhand kostenlos. Eine Umgebung, die Vergleichbares nicht zu bieten hat, schreckt die Statusträger ab. Sie vermeiden sie und verschanzen sich lieber in den eigenen vier Wänden. Die für alle *notwendige* Umgebung (mehr zu ihrem Charakter in Kapitel III) muss also ihren Schrecken verlieren. Das vermindert die soziale Fragmentierung, führt zusammen und verringert damit die Wahrscheinlichkeit sozialer Konflikte.

Zugegeben, diese Konflikte waren in einer Zeit, aus der wir heute viel Schönes bewundern, größer. Denn es war eines der sozialen Grundgeräusche um 1900, dass eine Schicht in Selbstinszenierung lebte: in prachtvoller Kulisse mit herrlicher Dekoration. Dazu zählen wir selbst Adolf Loos, der das diese Gesellschaft umgebende Ornament bekanntermaßen als „verbrecherisch" bezeichnet hat, weil er zum Prunk dieser Zeit (jedenfalls aus dem entfernten oberflächlichen Rückblick aus heutiger Perspektive) verdienstvollerweise genauso viel beigetragen hat wie die dem Historismus huldigenden Ring- und Nebenstraßenarchitekten der Zeit, oder gar der unwesentlich früher wirkende Anti-Loos und Opulenzkünstler Hans Makart.

Die Gesellschaft, so meinen Sozialhistoriker, sei all dem, was wir und vor allem die Österreich-Touristen heute als *schön* empfinden, überdrüssig geworden. Und wenn dieser Gesellschaft noch der letzte Impuls dazu gefehlt hat, sich davon zu trennen, so haben die Sozialrevolutionäre, derer es damals deutlich mehr gegeben hat, nachgeholfen. Sie haben die Schönheit dieser Zeit als für die Ungerechtigkeit symptomatisch dargestellt, weil mit ihr mehr als stuckverzierte Fassaden einhergegangen ist – und zwar eine tiefe soziale Ungerechtigkeit. Die konnte zwar nicht mit dem Abreißen der prunkvollen klassizistischen Bauten behoben werden. Aber manchmal war es doch zumindest einen Versuch wert: „Walter Ulbricht hatte was übrig für das Berliner Schloss: dreizehn Tonnen Dynamit. Schönheit reizt, sozialistische Bauten müssen potthässlich sein“.[17]

Die soziale Ungerechtigkeit der Zeit um die vorletzte Jahrhundertwende ging, anders als das heute der Fall ist, mit einem deutlich sichtbaren Gegensatz zwischen schön und hässlich einher. Dem Brokatstoff stand das Lumpenproletariat gegenüber, den englischen Wasserclosetts das überbelegte und stinkende Arbeiterquartier. Heute stehen die Vertreter an den beiden Enden ökonomischer Potenz in

Sachen Schönheit nicht mehr so weit auseinander. Wenn man sich die Bilder der Diktatoren-Villen von Muamar Al-Gadaffi oder Saddam Hussein in Erinnerung ruft (auch als sie von dem bis dahin unterdrückten Volk schon verwüstetet waren), kann man feststellen, dass man in Sachen Schönheit dieser Häuser auch als Kunde beim Möbelix-Abverkauf mithalten kann.

Zudem war der *schöne Ort* zur Jahrhundertwende nicht nur einfach schöne Umgebung des Arbeitslebens, sondern vom böhmischen Kurbad bis zum adriatischen Seebad das, was wir heute als Chill-out-Zone bezeichnen würden, wo die Herren bereits zur Mittagsstunde Smoking tragen. Dort wird bei Champagner über das Programm des nächsten Wohltätigkeitsballes parliert (damit nur keine Langeweile aufkommt), während in Wien die Arbeiter wegen Preiserhöhungen bei Fleisch und Brot auf die Straße gegangen sind.[18]

Da besteht natürlich Einigkeit: So etwas kann man nicht zum Ideal machen; solche Schönheit zulasten so vieler Menschen soll es nicht geben. Wir könnten allerdings so vorgehen, dieses Ideal in den politischen Diskurs mit einzubringen; also etwa wie in der amerikanischen Verfassung (genauer: in der Unabhängigkeitserklärung) das Leben voll Glück ein Staatsziel ist („persuit of happiness"), könnte wohl auch ein Leben in schöner Umgebung eines sein. Denn eine schöne Umgebung bringt auch bessere Menschen hervor.

Die amerikanischen Sozialforscher Wilson und Kelling haben das im Jahre 1982 mit ihrer Broken-Windows-Theorie versucht wissenschaftlich zu belegen. Zerbrochene Fenster, Graffiti oder Müll ziehen demnach weitere Vergehen und Kleinkriminalität nach sich. Zuletzt haben Wissenschaftler der Universität Groningen in den Niederlanden herausgefunden, dass sich durch Graffiti die Anzahl der Menschen mehr als verdoppelte, die Abfälle auf die Straße werfen oder stehlen. In größerer Dimension gilt: Wo ein Zentrallager aus Wellblech errichtet ist, können wir getrost noch ein paar weitere Diskontmärkte ansiedeln.

Es soll hier nicht der Eindruck entstehen, einst sei alles besser gewesen. Ich brauche gar nicht überall Ringstraßenarchitektur und die gepflegte Landschaft des Schönbrunner Schlossparks. Ich will nur nicht, dass *so viel* so hässlich ist. Wir haben den Zeitpunkt übersehen, als Billig-Bauten, wie sie Diskontketten errichten, das Bild einer Landschaft zum Kippen gebracht haben. Ein paar wenige Scheußlichkeiten hält jede Region aus.

Gefangen in Möglichkeiten

Noch nie in der Geschichte der Menschheit war es so leicht, bauliche Eingriffe in größten Dimensionen in unserer Umgebung vorzunehmen. Technologische Möglichkeiten lassen jede noch so kühne Ingenieursidee Wirklichkeit werden. Die Technik setzt der Freiheit keine Grenzen mehr. Demut und Tabu sind als Kategorien in der Gestaltung unserer Umgebung verschwunden; sind es in der Vergangenheit zwar auch gar nicht in großem Stil gewesen – aber das war auch nie so wichtig, weil die technologischen Möglichkeiten keine so großen, die Landschaft über so weite Strecken beherrschende Ungetüme hervorgebracht haben. Die Freiheit, Demut und Tabu auszublenden, wird meist mit der Individualität jedes Einzelnen begründet, der ein Bauwerk (von Eigenheim bis Altersheim) in die Landschaft setzt. Dieser Individualismus steht – dem Zeitgeist entsprechend – an oberster Stelle. Die Idee, dass eine Landschaft, eine weitere Umgebung, ein Konzert sein könnte, in harmonischen Tönen zusammen klingend, ist weitgehend unbekannt. In ein Tal zu hören, klingt oft nach Katzenmusik.

„Welchen Stil wir auch verwenden, Barock oder Stahlrohrmöbel, ist unwichtig. Was die Moderne uns gegeben hat, ist die Freiheit“, sagte der österreichisch-schwedische Architekt und Designer Josef Frank, Mitbegründer der Wiener Schule der Architektur. Er, der in den 1930er Jahren seine Freiheit mit der notgedrungenen Emigration aus Österreich gerade noch gerettet hat, wird nie ein „Aber“ hinter diesen Satz gestellt haben. Wir müssen das leider tun: „Aber“ wir können mit dieser Freiheit nicht recht umgehen. Im geringeren Fall verkommt sie zu Beliebigkeit, im schlimmeren vermeinen wir, ständig in die Landschaft schreien zu müssen, dass wir völlig frei sind und uns an nichts halten wollen und auch gar nicht einmal darüber nachdenken wollen, was denn in diesem Fall *schön* wäre – auch diese Freiheit haben wir natürlich.

Noch nie in der Geschichte war es so schwer, für uns selbst zu bestimmen, welchen Stil wir wählen sollen, was uns eigentlich gefällt. *Alles darf sein* ist das Motto. Und was es noch schwieriger macht: Fast alles *kann* auch sein, denn die Materialien und die Technologie setzen uns so wenig Grenzen wie nie zuvor. Sie lassen Bauwerke und Gestaltungen zu, an die über hunderte von Jahren aus ganz einfachen handwerklichen Gründen nicht zu denken war.

Die Freiheit, alles zu dürfen – gepaart mit der technologischen Möglichkeit, tatsächlich auch alles machen zu können –, führt zum Postulat des *Alles ist möglich!* Die Macher und Manager, deren Produkte ihrer Arbeit wir (leider) in der Landschaft sehen, sehen eben auch nie ein Problem bei ihren Vorhaben, sondern, so wurde es ihnen eingehämmert, nur Lösungen – und somit gleich ein Bauwerk. Die Alles-ist-möglich-Geisteshaltung ist Motto einer Zeit, in der der Fortschritt im Gestalten unserer Umgebung nicht in Zusammenhang damit gesehen wird, ob er uns auch persönlich angenehm ist, sondern (im besten Fall) nur damit, ob er vordergründig (technisch) nützlich ist. Oft noch viel weniger: Was Ingenieure leisten können, das wird auch verwirklicht; eine weitere spezifische Nützlichkeit braucht da nicht mehr erörtert zu werden.

Eine solche Geisteshaltung ist natürlich nicht neu. Bis vor einigen Jahrzehnten allerdings haben auch die unsinnigsten Eingriffe durch Bauten aller Art in das Bild unserer Umgebung das Gesamtbild nicht so intensiv beherrschen können wie jetzt. Die waghalsigsten Ingenieursleistungen sind entweder in ihrer Zahl überschaubar gewesen oder in ihren absoluten Abmessungen nicht so extrem. Heute ist tatsächlich fast alles möglich – jedenfalls mehr als nötig, wenn man den Menschen mit seiner Körpergröße und seinem Wahrnehmungs- und Aktionsradius als Maßstab nimmt. Es entfällt daher zunehmend der Trost, es sei ja nur ein Baustein der Hässlichkeit dazugekommen, mit dem man sich arrangieren könne. Diese vordergründig nützlichen Bausteine formen immer mehr unsere Umgebung.

Im Dschungel der Großstadt könnte man das eine oder andere noch durchgehen lassen: Da verbraucht eine solche Verunstaltung nur unwesentlich mehr Fläche als die, auf der sie gebaut ist. Rundherum stehen andere Gebäude, deren Bewohner und Benutzer ob der Aussicht zwar irritiert sein können, aber die Gebäude selbst schirmen darüber hinaus alle Scheußlichkeit ab. Einige Straßen weiter deuten vielleicht noch aufdringliche Hinweistafeln darauf hin.

Außerhalb der Stadt können die Hässlichkeiten durch die Umgebung nicht mehr isoliert und unschädlich gemacht werden. Irgendwann kommt der kritische Zeitpunkt, da kippt ein solches System. Da ist dann plötzlich alles hässlich. Und zurück bleiben kleine Inseln der Ursprünglichkeit, die so intensiv gepflegt und gerettet werden müssen, dass sie völlig die Anmutung der Natürlichkeit verlieren und künstliche Attraktionen werden.

Erpresst von Nützlichkeiten

In Abwandlung der Brecht'schen Reihenfolge, wonach vor der Moral das Fressen kommt, gilt in unserem Falle: Erst kommt das wirtschaftliche Auspressen von Gebäuden und Landschaft zur persönlichen Bereicherung – und dann erst das Lebensglück, das in dieser Umgebung möglich ist. Politisch korrekter – so verstehen wir das zumeist lieber – lautet die Interpretation: Erst kommt die Hilfe für die weniger Wohlhabenden, etwa durch einen weiteren Penny-Markt vor den Toren des Dorfes und einen weiteren Autobahnknoten zur Bequemlichkeit und Spritersparnis. Das ist Nächstenliebe. Und dann können ja die Bobo-Ästheten ein paar Marmorverkleidungen bekommen.

Es ist das Argument der *Wirtschaftlichkeit*, mit der all die Hässlichkeit gerechtfertigt wird. Scheinbar so vernünftig, dass uns jede Möglichkeit zum Protest abhandengekommen ist.

Einst hatte die Wirtschaftlichkeit ein brutales Auftreten. Als Gegenpol zu den arbeitenden Menschen sind Fabriken und andere Infrastruktur in die Welt gesetzt worden. Das war das leicht zu erkennende *hässliche* Kapital. Weil es der klare Gegenpol zu den Interessen der Arbeiter war, konnte man dagegen auftreten; vielleicht nicht wirksam, weil die gewerkschaftliche Bewegung zu schwach war oder niedergeschlagen wurde – aber in der Theorie konnte man den Gegensatz kritisieren, weil er zumindest gedanklich auszumachen war.

Heute haben wir scheinbar alle dasselbe Ziel und werden von den vermeintlichen Notwendigkeiten (des „Kapitals" sagen wir heute nicht mehr – und bleiben daher beim Begriff der Wirtschaftlichkeit), heute werden wir also von den vermeintlichen Notwendigkeiten der Wirtschaftlichkeit vereinnahmt. Das Gewerbegebiet, das durch Umwidmung von Erholungsraum entsteht, die Straße, die die Gemeinde brutal durchschneidet und am Fuße des Berges nur mit hohen Beton-Schutzwänden errichtet werden kann, die Aussichtsplattformen auf den bis dahin unberührten Berggipfeln, das alles – so wird uns ständig eingehämmert – geschieht nur für uns: Ohne diese Investments (und dieser Begriff verrät dann doch schon mehr, als er will) könnten wir (aus Sicht der Investoren also die anderen) nicht überleben. Das ist gar nicht übertrieben: Es ist immer von der Sicherung der Existenz die Rede. Die Existenz des ländlichen Raumes beispielsweise wird da beschworen; das Land könnte *absterben*, die Menschen abwandern. In Kernregionen oder Städten heißt das analoge Argument dazu *Standortwettbewerb*, den man gewinnen muss, um den

Lebensstandard aufrechtzuerhalten. Lebensstandard, der offenbar in keinem dieser Fälle mit der Schönheit unserer unmittelbaren Lebensumgebung assoziiert wird, also damit, worin wir uns ständig befinden, was unser Leben wie sonst nur unsere persönlichen Beziehungen zu anderen Menschen prägt.

Wir müssen gegen die Devastierung unserer Städte und Landschaft ankämpfen, weil keine anderen Entscheidungen so nachhaltigen Einfluss auf unsere Lebensumgebung haben wie die von Immobilienentwicklern, Bauherrn, Architekten, Diskontketten, Straßen- und sonstigen Infrastruktur-Errichtern. Die Ergebnisse ihrer Entscheidungen sind wie keine anderen in Stein gemeißelt. Keine politische Entscheidung, und sei sie noch so groß, hat die Überlebenswahrscheinlichkeit und tatsächliche Lebensdauer wie so viele Bauwerke, die wir in die Welt setzen. Zwar sagte Erich Honecker noch im Jänner 1989: „Die Mauer steht noch hundert Jahre." Aber wie wir bei ihrem Fall neun Monate später bemerkt haben, war das eher eine politische Aussage als eine über ein Bauwerk.

Architektur, in welcher Form auch immer, produziert physische Tatsachen, die selbst Kriege (so viel dabei auch zerstört worden ist) nicht nachhaltig ändern. Was erreichtet ist, bleibt über lange Zeit bestehen, weshalb nicht nur die individuelle Behauptung eines *einzelnen* Bauwerks in der Zukunft mitzudenken ist, sondern die Kumulation all dessen, was wir fleißig errichten. „Ein Ding soll ästhetisch so lange halten, als es physisch hält", schreibt Adolf Loos.[19] So gesehen beschäftigen wir uns zumeist nur sehr provisorisch mit dem Leben. Denn ein solches würfelförmiges Blechhallenungetüm als Warenlager, wie es Klaus S. eingangs an der Autobahn passiert hat, kann niemand mit der Perspektive auf die Ewigkeit gebaut haben. Zum Glück, möchte man meinen und macht sich Hoffnungen. Aber ich werde es, solange ich lebe, sehen. Und damit ist meine ganz persönliche Ewigkeit sehr stark beeinträchtigt.

Wir könnten uns natürlich daran machen, diese Scheußlichkeiten in der Umgebung gedanklich zu verdrängen. Aber das ist kein leichter Prozess und erfordert von uns viel Verdrängungsarbeit, die bekanntlich Leid zufügt. Leid allerdings, das wir uns in den seltensten Fällen eingestehen wollen. Wir sehen uns konfrontiert mit einem ungerechten Chef oder intriganten Kollegen, mit einem pubertierenden Kind oder einem treulosen Partner, da wollen wir doch nicht auch noch darunter leiden, dass wir anstatt eines Berges ein Warenlager sehen oder auf einer banalen Wiese statt Bäumen Fahnenmasten eines Möbelmarktes stehen.

Die Psychoanalyse lehrt uns, dass diese ständige Verdrängung der uns umgebenden Hässlichkeit die Vorstellungen derselben in uns konserviert. Wir können also nicht sagen: Vergessen wir das einfach. Das Unbehagen, in der falschen Umgebung zu leben, klopft immer wieder in unserem Hirn an. Und es vermindert unsere Aufnahmebereitschaft, Neues zu lernen. Einfache Therapie: Wir müssen jetzt einmal hinschauen, einen unverstellten Blick auf die Hässlichkeiten unserer Umgebung werfen.

Vielleicht macht das die Tiroler Tourismuswerbung bereits ganz subtil. Sie zeigt uns gleich gar nicht mehr die idyllische Bergwelt, die die Fremdenverkehrswirtschaft so gerne als Verkaufsargument abbildet, sondern die brutalen Eingriffe ins Landschaftsbild. Der Bildtext in den ganzseitigen Inseraten lautet: „Wege zum Innehalten" – und wir sehen die sechsspurige Autobahnbrücke über das Wipptal, genannt Europabrücke.[20]

„Das, was uns umgibt, steuert unser Dasein. Also sollten wir Schönes um uns versammeln. Denn in einer schönen Umgebung können unsere Ängste, unsere nagenden Zweifel viel weniger Macht entfalten als in hässlicher", schreibt der britische Philosoph Allain de Botton.[21] Schönheit zu etablieren ist also ein höchst soziales Engagement. Grund genug, sich mit dem vermeintlich nutzlos Schönen zu beschäftigen.

Kaufen Sie Land – es wird nicht mehr hergestellt.

Mark Twain

III

DER PREIS DER WIRTSCHAFT

Wie unser Lebensraum gehandelt wird

Wir helfen in Not geratenen, in der Ferne lebenden Menschen dann viel lieber, wenn uns gesagt wird, das könne letztlich unserer Wirtschaft wieder zugutekommen, weil dann nicht so viele Wirtschaftsflüchtlinge an unsere Türen klopfen oder wir uns gar einen neuen Exportmarkt erschließen können. Auch Integration wird nicht in erster Linie gesellschaftspolitisch gesehen, etwa mit dem Blick auf ein besseres Leben der zu Integrierenden. Es bedarf regelmäßig des Rufes von Wirtschaftstreibenden, die beklagen, dass ihre Lehrlinge (mit Migrationshintergrund natürlich) nicht einmal die Mindestvoraussetzungen mitbringen und des Lesens und einfachen Rechnens nicht mächtig sind, was natürlich ein Wettbewerbsnachteil ist – für die heimische Wirtschaft, nicht für die Lehrlinge. Gänzlich ins unmenschliche geführt wird das Primat der Wirtschaft, wenn man etwa die Todesstrafe, wie es sie in einigen US-Bundesstaaten gibt, nur deshalb in Zweifel zieht, weil das Strafvollzugs-System dort dadurch viel mehr kostet als in Bundesstaaten ohne Todesstrafe. Diese Argumentation ist auch hierzulande als mögliche Sicht der Dinge durchgegangen. All das zeigt: Wir trauen uns kaum noch, Themen nicht wirtschaftlich zu betrachten.

Der einst von einer Werbeagentur für die Wirtschaftskammer erfundene Slogan „Geht's der Wirtschaft gut, geht's uns allen gut" hat offenbar Wirkung gehabt. Insofern, dass er entweder von vielen verinnerlicht wurde oder ohnedies eine allgemeine innere Einstellung getroffen hat. Einige Jahre und eine Weltwirtschaftskrise später sind wir natürlich eines Besseren belehrt worden, handeln aber dennoch nach dieser vermeintlichen Maxime.

Gebaute Tabellen

Das absolute Primat der Wirtschaft – genauer: der Konzerne – über die Politik (und damit über alle anderen gesellschaftlichen Interessen, wie etwa an einer lebenswerten und nicht zuletzt *schönen* Umgebung) hat sich in der zu Ende gehenden Nachkriegszeit herausgebildet. Der Nachhall der politischen Ideale der 68er sowie die Konfrontation der großen Ideologien Kapitalismus und Sozialismus sind mit den 1980er Jahren zu Ende gegangen. Da hat sich auch ein letztes Mal Kritik geregt an diesem damals erst aufkommenden Primat der Wirtschaft.

Die verstorbenen Politiker und gesellschaftspolitische Meinungsbildner, der rot-grün-bewegte Günther Nenning und der konservative Jörg Mauthe, haben damals einen Vorstoß gegen „die pausenlose Verhässlichung unserer Welt" unternommen und ein Schönheitsmanifest veröffentlicht.[22] „Die Betonierwut der Technokraten; die Gefühllosigkeit der Politiker; die Brutalität zügelloser Produktion; die ebenso große Lüge vom Konsumglück; eine allen politischen Lagern gemeinsame Verachtung von Geist, Vernunft und menschlichem Gefühl haben es dahin gebracht", schreiben sie dort im Jahr 1984. „Unsere Städte sind hässlich und unwirtlich geworden; unsere in Jahrhunderten gewachsenen Kulturlandschaften werden zerschnitten, verwüstet, zerstört."[23] 1984 hätten wir noch abbiegen können. Tatsächlich hat aber gerade in dieser Zeit die hemmungslose und großflächige Verschandelung unseres Landes eingesetzt. Denn anders als die beiden forderten, wurde *das Schöne* nicht in irgendeinem Parteiprogramm auch nur erwähnt.

Politisches Handeln ist mehr denn je darauf ausgerichtet, in Ratings und Rankings vorne zu liegen. Wir lassen uns und unsere Gesellschaft von den betreffenden Agenturen ins Unglück stürzen, wenn wir nicht die Bestnote in den Gegenständen *Wirtschaftliches Handeln* und *Nützlichkeit* bekommen. Der Eroberung des römischen Einsers oder des Triple-A ordnen wir bedingungslos alles unter. Dieses staatliche Handeln ist Ausdruck unserer individuellen Verfasstheit, die durch eine solche Politik gleich noch verstärkt wird. In Sachen Berechnung schaukeln sich persönliches und gesellschaftliches Handeln auf, es beschränkt sich darauf, „was sich rechnet". Obwohl unser einziger Daseinszweck doch nicht berechenbar ist, und zwar unter den weitgehend vorgegebenen Rahmenbedingungen glücklich zu leben.

Dennoch machen wir ständig das Gegenteil: „Wo ein großer schöner Baum steht, wird er umgeschnitten, wo ein herrliches altes Gebäude steht, wird es niedergerissen, wo ein köstlicher Bach zu Tal rinnt, wird er ruiniert. Wie überhaupt alles Schöne mit Füßen getreten wird. Und alles im Namen des Sozialismus mit der widerwärtigsten Heuchelei, die man sich vorstellen kann“, beklagt Thomas Bernhard 1986 in seinem Buch *Auslöschung*.[24] Die Heuchelei ist heute ein Stück weniger sozialistisch, mehr hingegen – und das macht es nur noch schwieriger, vernünftig dagegen anzukämpfen – mehr rational. Das Ornament sei unvernünftig, weil unwirtschaftlich, postulieren die Polit-Manager gemeinsam mit den Priestern des coolen Architekturpuritanismus. Unsere Lebensumgebung, die Gestaltung unserer Gebäude und Plätze wird ausschließlich durch die wirtschaftliche Brille betrachtet. Alles lässt sich in eine Excel-Tabelle füllen, an deren Ende eine Zahl herauskommt, die unumstößliche Entscheidungsgrundlage für alle Gestaltung ist. Und die schwarzgewandeten Architekturpriester liefern dem einfachen Publikum die notwendige Ideologie dazu. So führt das unter dem Aspekt der Nützlichkeit zur Höchstform getriebene Sparen zu einer Umgebung als *Lebenserhaltungsmaschine*, bestehend aus Straßenungetümen, Gebäuden (die vielfach praktischerweise gleich

Multifunktionshallen sind und die auch in sonst pittoresken Orten errichtet werden) und Medien, die uns durch die Nicht-Orte begleiten, in denen wir uns zumeist in einem Zustand des Durchgangs befinden.

Das, was nicht unbedingt zum rohen Überleben notwendig ist, das gilt als überflüssig, das sollten wir uns also *ersparen*, besser noch: Das, was es jetzt an solchen teuren Überflüssigkeiten schon gibt, schaffen wir am besten auch noch aus der Welt, wer weiß, welche laufenden Kosten die Verzierung sonst verursacht ...

Bliebe in der Folge nur eine minimalistische Ästhetik zurück, die durchdacht und von reifem Gestaltungswillen geschaffen wurde, wäre das nicht weiter schlimm. Es bleiben aber Reste technischer Funktionalitäten, ohne die etwa das Arbeitsleben, unser Haushalt oder der Freizeitsport nicht funktionieren würde. Es bleibt nur ein außerordentlich nützliches Gerüst zurück, das unser Leben einzig aufrechterhält.

Berechneter Alltag

Zugegeben, was der Erzähler der französischen Romantik, Théophile Gautier, in seinem berühmten Manifest des *L'art pour l'art* in der ersten Hälfte des 19. Jahrhunderts entwickelt hat, ist natürlich ein ästhetizischter Kult der Schönheit. Aber in seinem Kern formuliert Gautier einen Gedanken, von dem er damals wohl nicht im Entferntesten ahnen konnte, wie wenig er auf seine Zeit und wie viel mehr er auf unsere Zeit passt, in der das ganze Gesellschaftssystem zur Geschäftsidee geworden ist: „Wahrhaftig schön kann nur sein, was keinem Zweck dient. Alles Nützliche ist hässlich, denn es ist der Ausdruck bestimmter Bedürfnisse; und die des Menschen sind widerwärtig und abscheulich wie seine ganze armselige und hinfällige Natur. Das nützlichste Zimmer im Haus ist das Klosett."[25]

Schön wird das Klosett erst, wie uns Marcel Duchamp gezeigt hat, wenn wir es der Funktion berauben und ins Museum stellen. Er hat 1917 ein Urinal einzig signiert und datiert – und damit zum Kunstwerk gemacht. Oder wie es Kant ausgedrückt hat: Schön ist nur, was „ohne alles Interesse gefällt",[26] also unabhängig allen Nutzens Freude auslöst – womit wir uns gegenwärtig sehr schwertun.

Da der Mensch der Gegenwart noch viel mehr als jede andere vorhergehende Generation das Bedürfnis hat, *wirtschaftlich* zu entscheiden – mit anderen Worten, mit jeder Entscheidung sein Geldvermögen vermehren will, also alles möglichst *nützlich* gestaltet –, wird seine Umgebung natürlich mehr und mehr diesem seinem Bedürfnis gerecht, eine riesengroße Bedürfnisanstalt also, was uns wieder zu Gautiers Feststellung der Nützlichkeit des Klosetts führt. Tatsächlich ist das Klosett besonders nützlich. Aus einer Wohnung lassen sich alle möglichen Räume wegdenken, ohne dass diese allzu sehr ihre Nützlichkeit einbüßt.

Nicht das Klosett. Und dennoch schrecken die meisten doch davor zurück, in anderen Räumen (bei aller Nützlichkeit) die Anmutung aufkommen zu lassen, die einen am Häusl erwartet.

In der weiteren Umgebung sind wir da schon nicht mehr so zimperlich – und stellen keinen Anspruch, wonach die Umgebung mehr als Nützlichkeit aufweisen muss. Nennen wir diese Umgebung, deren Schönheit uns gleichgültig ist, die nur funktionieren muss, *notwendige* Umgebung.

Die meiste Zeit unseres Lebens verbringen wir in einer notwendigen Umgebung: in bestimmten Teilen unserer Wohnung, am Arbeitsplatz, am Weg dazwischen, beim Einkaufen in unserer weiteren Region, bei privaten oder beruflichen Terminen in selber Region, und wiederum vor allem auf den Wegen dazwischen – überall reicht uns die Nützlichkeit der Umgebung; mit raschen Verbindungen, einem geheizten Raum und allenfalls einer Sitzgelegenheit. Wir befinden uns in *Transiträumen*, deren Entstehung und Tristesse uns im nächsten Kapitel beschäftigen wird.

Ob wir all diese Lebenszeit in schöner Umgebung verbringen, ist weitgehend an den Rand unserer Überlegungen und Entscheidungen gedrängt worden. Wir lassen es uns gefallen, die Nützlichkeit und das Einsparen über jede geglückte Lebensumgebung zu stellen – die einzige übrigens, in der wir leben.

Schönheit wird zur Gegenwelt des Alltagslebens. Wir nehmen vorsätzlich (aber nicht ganz bewusst) die Trennung in *schöne* und *nützliche* Umgebungen vor. Wir akzeptieren, einen großen Teil unserer Zeit in der notwendigen Umgebung zu sein, bar aller ästhetischen Ansprüche. Wer kann schon von sich behaupten, einen schönen Arbeitsplatz zu haben, wenn damit nicht Pragmatisierung, Gehalt oder im besten Fall der Inhalt der Arbeit gemeint ist? Es herrscht die Scheu vor, auf eine ästhetische Arbeitsumgebung zu drängen. Selbst auf eine Lohnerhöhung zu drängen, ist der Mut größer – und ein solches Ansinnen steht auch innerhalb der wirtschaftlichen Logik eines Unternehmens. Schön zu sein steht jedem wirtschaftlich agierenden Unternehmen in seiner (inneren) Zielbestimmung entgegen. Wenn Schönheit nicht durch die *Corporate Identity* gefordert ist, gilt sie als Luxus. Bis dahin verwahrlost das Großraumbüro, das einst von der Architektin bis zum Blumentopf durchgeplant worden ist und in dem man nicht nur einfach seinen Arbeitstag verbringt, sondern die überaus meiste Lebenszeit. Unabhängig davon, ob der Büroraum aufgrund der Ignoranz seiner Benutzer nicht in seiner gestalterischen Intention erkannt und mit überbordender persönlicher Behübschung verunstaltet wird oder tatsächlich falsch geplant ist, muten sich Menschen Dinge zu, die sie in ihrem eigenen Wohnzimmer – in dem sie zweifellos viel weniger Zeit verbringen – niemals durchgehen lassen würden.

Auf den ersten Blick könnte man also meinen, die Trennlinie zwischen der notwendigen Umgebung und der schönen Umgebung verläuft zwischen den Gegenwelten notwendiger Aufenthaltsort (Arbeit, Weg in den Urlaub etc.) und frei gewählter Aufenthaltsort (Urlaubsziel, Ort für den Freizeitsport etc.). Aber auch unser Freizeitverhalten ist immer mehr von Charakteristika der Wirtschaftlichkeit des Arbeitslebens geprägt. Durch Spezialisierung, Technisierung und Leistungsdenken, sind wir selbst da bereit, jede Scheußlichkeit in Kauf zu nehmen, die ganz gegen die Intention steht, eine *schöne* Freizeit zu verbringen: etwa Kletter- oder Schihallen, wie sie selbst in alpennahen Gebieten zur Ausübung eines vermeintlichen Wintersports aus dem Boden schießen. Wie kann Bewegung, die durchaus ähnlich der in freier Natur sein mag, Freude machen, wenn der Blick in jede Richtung, und sei es in den Himmel aus Neonröhren, nur Tristesse vermittelt?

Der ausschließlichen Nützlichkeit unterliegen also viel mehr Orte, als die, die ausschließlich nützlich sein müssten. Gautiers Archetypus des nützlichen Raumes, des Klosetts, finden wir mittlerweile mehrheitlich in unserer Umgebung. Théophile Gautier ist zumindest davon ausgegangen, dass über die Nützlichkeit im Zuge der Errichtung eines Raumes (sei es ein Zimmer oder eine ganze Stadtlandschaft) derjenige entscheidet, der ihn einst benützt. Das ist mittlerweile aber die Ausnahme. Die Entscheidung über die Errichtung hat sich verselbständigt und wird von sogenannten *Immobilienentwicklern* übernommen, die im Hintergrund (also als Eigentümer) Investoren haben.

Bezeichnenderweise werden diese gleich *Finanzinvestoren* genannt, damit kein Zweifel aufkommt, dass sie sonst nichts in das Unternehmen stecken als ihre Finanzen und daher auch sonst nichts von dem Unternehmen erwarten, als ihr Geld zu vermehren, also eine gute Rendite zu bekommen: Schnell ein paar Bauwerke in die Landschaft stellen, dann verkaufen (wenn es scheint, dass es doch keiner so recht brauchen kann) oder vermieten, wenn der Ertrag ein wenig langfristiger sein soll. Ein paar Flops dürfen da schon dabei sein, solange die Rendite nicht allzu deutlich in den einstelligen Prozent-Bereich hinunterrutscht. Ein Fehlgriff ab und zu ist für den Investor noch kein Malheur, ein paar Tausend Bewohner einer vielleicht bis dahin schönen Gegend haben dann allerdings eine Einkaufscenter-Ruine vor ihrer Nase. Damit kommen wir zum ersten, besonders raumgreifenden Phänomen der Verschandelung in Österreich – auch wenn sie vielfach natürlich noch nicht im Stadium der Ruine ist.

Zentriertes Kaufen

Die Erfindung der Einkaufscenter war ein wesentlicher Schritt zur Trennung unserer Lebenswelten (wie es die Funparks und Business-Districts für Freizeit und Arbeiten sind). Sie haben das Einkaufen in weiten Teilen zum Selbstzweck werden lassen. Dieser besteht darin, ein *Er-*

lebnis zu bieten; manchmal ist das versprochene Erlebnis so stark, dass man sogar ins *Einkaufsparadies* kommen kann.

Dabei hatte der Erfinder der Shopping-Mall, übrigens ein Österreicher namens Victor Gruen, eine ganz andere Vision. Der Mann, der zwar in Österreich geboren und gestorben ist, war aufgrund der Vertreibung durch die Nationalsozialisten in den USA tätig, wo er seine Idee der Einkaufszentren entwickelte. Das erste errichtete er in der Nähe von Detroit im Jahre 1952. Ihm ist es um eine neue Innenstadt gegangen, ein zwar auf der grünen Wiese errichtetes Zentrum, allerdings ausschließlich mit den Vorzügen urbanen Lebens mit dichter Wohnbebauung, Parks, Sportanlagen und kultureller Einrichtungen.

Wenn wir diese Zentren heute sehen, wissen wir aber, dass in ihrer weiteren Entwicklung nicht die Schaffung einer schönen Umgebung für die Menschen im Vordergrund gestanden sein kann, sondern einzig die Wirtschaftlichkeit: vordergründig die für die Kunden. Geringe Bau-, Infrakstruktur- und Transportkosten kämen nur dem Kunden zugute. Der bezahlt aber indirekt für diese Lage „in the middle of nowhere" über die öffentliche Hand all die Einsparungen der sich dort ansiedelnden Unternehmen. Mittlerweile gibt es in Österreich mehr als 200 solcher Fachmarktzentren. Dass 95 Prozent davon in den letzten 15 Jahren errichtet worden sind, zeigt die erschreckend rasante Entwicklung.

Vorletzter Entwicklungsschritt der Einkaufscenterphilosophie (eine Wortzusammensetzung, die von den Betreiben oft im Mund geführt wird und die ebenso wenig sprachlich akzeptabel ist wie ein Center am Stadtrand) ist die Ansammlung von Einkaufscenter, also das Einkaufscentercenter. Es sind ja schon lange nicht mehr Möbel und Gebrauchtwägen, die am Stadtrand zu finden sind, sondern alle Dinge des nicht nur täglichen Lebens: Hundefuttermärkte bieten eine Auswahl, wie es sie in keiner Wurstfachabteilung gibt, und auch die intime Erotik für Österreichs Schlafzimmer ist im Mega-XXL-Sexmarkt zu finden, wo ein Wühlkorb (für Dauertiefpreisgesenktes) die gleiche Erotik ausstrahlt wie das Stützstrumpfangebot vor der Hofer-Kassa. Fehlt nur noch das Puff, das vom Hofer-Parkplatz aus einfach zu erreichen ist – und auch das gibt es schon.

Anders als das Puff (eines steht neben der Hoferfiliale Bad Ischl) sind die aneinandergereihten Einkaufscenter etwa an Wiens Stadträndern nicht so leicht verbunden. Wenn im Leiner-Markt der Trieb aufkeimt, schnell in den Wein-Supermarkt zu kommen, sollte er für einige Minuten Fahrt über Rampen-Ungetüme und Autobahnknoten, durch Schranken und Parkhäuser im Zaum gehalten werden. Aber gäbe es diese kurze Entspannungsfahrt zwischen den Centern nicht, wir könnten kaum die ganze „Schönheit“ dieser bunten Welt in uns aufnehmen.

Warum aber warten, bis solche devastierten Landschaften entstehen („wohlstandsverwahrlost“ würden wir einen solchen Zustand beim Menschen nennen), wenn man dem nachhelfen kann; wenn man das Ganze zur Geschäftsidee machen kann. Nicht nur den Verkauf all der Produkte, die da angeboten werden, sondern die Errichtung solcher Center, mit denen man ganz Europa überschwemmen kann.

Dass eine Immobilienfirma Produkte hat, mag schon befremdlich anmuten, ist doch Architektur im Unterschied zur Industrie immer als Schöpfer von Prototypen betrachtet worden. Denn einem Produkt moderner Prägung wohnt immer eine gewisse Standardisierung inne, die wir uns bei Gebäuden zunächst nicht recht vorstellen können, sind doch Ort, Umgebung, Funktion, Nutzer etc. höchst unterschiedlich – und all das macht die Immobilie aus, die ja nicht nur nicht weggerückt werden kann (also *immobil* ist), sondern auch mit diesen Parametern in Wechselwirkung steht.

Ganz unvorbereitet trifft uns eine solche Entwicklung zum standardisierten Bauen aber natürlich nicht, seit es in den Einkaufscentern auch einen Markt für Häuser gibt („jetzt mit noch mehr Individualität"). Aber immerhin werden diese Häuser erst aufgestellt, wenn es Nachfrage gibt, also jemand ein solches Haus *von der Stange* kauft (wodurch es fast ein wenig mehr Mobilie als Immobilie ist).

Und nicht nur, wer keine Ahnung hat, wie er eigentlich leben will, kann zum Konfektionshaus Größe 8b greifen, auch wer auf der Suche nach der richtigen Branche ist, in der er sich unternehmerisch engagiert, kann zum Fertighaushersteller gehen und etwa Hotelier werden. „Gerne realisieren wir Ihr maßgeschneidertes Fertighotel im Drei- bis Viersternbereich. Variable Außenfassaden, durchdachte Raumgestaltung und hochwertige Innenausstattung machen Ihr Fertighotel zu einem besonderen Ort, der Charakter und Individualität ausstrahlt. Wir erwecken Ihre Hotel-Vision zum Leben – von der Konzeptentwicklung bis zur Eröffnung."[27] Nur betreiben muss man es schon selbst, aber warum sollte man daran scheitern, wenn einem schon jemand die Raumgestaltung so gut durchdacht hat ...

Zum Glück stellt uns noch niemand, nur weil er einen Restposten Nachttischlämpchen erworben hat, gleich ein Hotel ins Betriebsentwicklungsgebiet, in der Hoffnung, jemand wird sie schon einmal anknipsen. Beim Einkaufscenter ist das allerdings schon Realität: Eine österreichische Immobilienfirma hat ein solches standardisiertes „Produkt-Einkaufscenter" konzipiert und mittlerweile dutzende Mal in die Landschaft gesetzt. Ziel dieses Investments sind Einzugsgebiete von dreißig- bis hundertfünfzigtausend Einwohner in Mitteleuropa. Da kann ja noch einiges auf uns zukommen. Wir alle lassen uns im Namen der Wirtschaftlichkeit, und also *von der Wirtschaft* (von der uns immer eingeredet wird, die seien wir ja alle), solche Entwicklungen gefallen, weil wir glauben, es werden damit mehr Bedürfnisse befriedigt als zerstört.

Erlebtes Geld

Man kann das Investieren in Immobilien noch einen Schritt weiter treiben und käme dann gleichsam wie „L'art pour l'art" zur „Investition der Investition wegen" – was aufgrund ihrer Nutzlosigkeit also fast schon in der Nähe der Kunst ist; eine, die mit Schönheit allerdings nichts zu tun hat. In ihrer höchsten Stufe, jenseits der Logik kapitalistischen Wirtschaftens, wird nicht mehr investiert, um eine Rendite zu erwirtschaften (und sei es auf Umwegen, die sich dem durchschnittlichen Konsumenten nur nicht erschließen), sondern um irgendetwas, gleichgültig was, in die Welt gesetzt zu haben. Eine solche metaphysische (oder besser: metaökonomische) Investition kann gleichsam als künstlerischer Akt gesehen werden. Vor allem, wenn man Kunst als Tätigkeit versteht, die nicht durch Funktionen festgelegt ist. Metaökonomische Investitionen zielen also nicht auf Geldvermehrung ab, sind aber, anders als die geläufige Metapher des Geld-im-Klo-Runterspülens, dann doch viel mehr gegenständlich, sodass sie sich auf die Wahrnehmung unserer Umgebung deutlich auswirken. Investieren und damit Bauen wird zum Event.

Zwei prominente Vertreter österreichischen Investorentums haben diese Meta-Ebene, in der sich die Logik des ihnen sonst so nahen Wirtschaftens auflöst, erreicht. Und uns dabei ein *Ding* beschert, einen Gegenstand, der ausschließlich für sich selbst (oder für sie selbst, nämlich die beiden) steht: Es ist gleichsam eine großkoalitionäre Brücke, die nichts überbrückt, aber Wesentliches verdeckt.

Auf dem Weg von der Seilbahn zum Eingang des Hallstätter Salzbergwerks in Oberösterreich überspannt sie einen unbedeutenden Graben, der ohne Mühe zu Fuß durchquert werden kann. Zur einen Hälfte heißt sie Dr.-Ludwig-Scharinger-Brücke, zur anderen Dr.-Hannes-Androsch-Brücke. Da man als Spaziergänger mit dem Ziel des Stolleneingangs der Einfachheit halber darunter durchgehen würde, ist in der Mitte der beiden Brückenteile ein Aufzug errichtet worden, damit die Konstruktion nicht ganz unbenutzt bleibt. Und so überspannt dieses Ungetüm aus Stahl und Glasplatten einen Graben, den kaum jemand überqueren will (und wenn, sich dann gefälligst ein wenig anstrengen soll hier oben in den Bergen). Es verstellt aber all jenen die Sicht, die sich kurz umdrehen und einen herrlichen Blick auf den eiszeitlichen See werfen wollen: Was hier oben einmalig ist, wird einer *Allerweltskonstruktion* geopfert, bei der zwar sicherlich ein Statiker Berechnungen angestellt hat, aber kaum sonst jemand darüber nachgedacht hat, was damit alles zerstört wird: eine Landschaft, deren Sensibiliät gar nicht unbedingt im Ökosystem liegt, sondern in der Einzigartigkeit ihrer Schönheit.

Warum entstehen solche metaökonomischen Verunstaltungen unserer Umgebung – wenn sie in diesem beschriebenen Fall auch gering ausfallen mögen, dafür aber umso mehr Archetyp österreichischer Verschönerung unseres Lebens sind?

Hier war es eine Landesausstellung, ein für diese Region singuläres Großereignis, das Auslöser für die vermeintliche Weiterentwicklung der Infrastruktur war. Solche Ereignisse begünstigen eine gewisse Hemmungslosigkeit beim Errichten von Verkehrsinfrastruktur und für die Region zumeist zu großen Gebäuden. Unter dem Deckmantel der Wirtschaftlichkeit („Wann, wenn nicht jetzt? – Und Förderungen gibt's auch noch!") läuft die Maschinerie der Immobilien- und Bauwirtschaft an, was klarmacht, wie wenig in erster Linie das Ereignis selbst im Fokus der Wünsche steht, sondern die am Rande des Events zu machenden Geschäfte. Ganz eindrücklich ist das bei Sportgroßereignissen – kulturelle Ereignisse nehmen selten eine solche Dimension an. Und dabei sind es wiederum die internationalen, die zu bekommen mit fast allen Mitteln versucht wird: vor allem mit unnötiger Infrastruktur, die danach funktionslos die Gegend verstellt und immer mehr Geld verschlingt.

Für die Fußballeuropameisterschaft 2008 ist in Klagenfurt ein Stadion ausgebaut worden, das drei Mal hat gefüllt werden können. Für eine halbe Million Euro pro Jahr wird ein Gebäude erhalten, in das gleichzeitig 30.000 Menschen kommen könnten – aber eben nicht wollen. Da es Kärnten nicht verschönert, würde naheliegen, die unnötige Infrastruktur wieder zu entfernen. Tatsächlich fließen allerdings nochmals mehr als 15 Millionen öffentliche Fördergelder in das Projekt, weil es überraschenderweise noch nicht einmal ganz fertiggestellt ist.

Solche Sportfestspielruinen überziehen ganz Europa. Und wo es sie noch nicht gibt, werden sie nach wie vor errichtet. Im Zuge der Olympischen Winterspiele 2014 in Sotschi in Russland gibt es erhebliche Umweltzerstörungen am Schwarzen Meer und in der Natur der Kaukasus-Region. „Zero Waste" („Null-Abfall") als Motto lässt sich nach Angaben von Umweltschutzorganisationen aller Voraussicht nach schon während der Megaveranstaltung nicht verwirklichen. Und danach wird uns in großem Umfang für hunderte Jahre Infrastruktur-Müll zurückbleiben. Eine kaum erschlossene Kaukasus-Region bekommt für kurze Zeit eine ungeheure Zahl an Straßen, Flugplätzen, Gebäuden und Schiliften, wie es ohne diese Veranstaltung nie notwendig wäre. Aus offenbar gutem Grund veranstaltet man solch Ereignis nicht dort, wo all das schon vorhanden ist – was hieße das für die Wirtschaft!

Schladming ist im Kleineren ein Beispiel aus unseren Breiten. Der Schisportort in der Steiermark, könnte man meinen, bringt die nötige Infrastruktur für winterliche Großereignisse schon längst mit: 1982 sind dort die Schiweltmeisterschaften ausgetragen worden und seither haben die Tourismusbetreiber auch nicht geschlafen. Dennoch ist für die Schiweltmeisterschaft, die im Jahr 2013 dort stattfindet, eine Kongresshalle vermeintlich unabdingbar. Einst hörte ich darin einen Minister der österreichischen Bundesregierung in Zusammenhang mit den Unwägbarkeiten der Wirtschaftskrise sagen: „Die Schönheit unserer Landschaft kann uns keiner nehmen." Keiner mehr, hätte er sagen müssen – denn das haben wir schon selbst erledigt. Wer mitten in diesen kleinteilig gewachsenen Ort, mit Häusern, die sich nicht in den Vordergrund drängen, einen Klotz aus Beton und Holzsprossen setzt (die sind sicher ein Anklang an die traditionelle Bauweise der Region), kann keine Idee davon haben, was die Schönheit eines Wintersportorts ausmacht. Schnee begegnet einem in der fensterlosen und mit Filz ausgekleideten Halle durch große, vermutlich aus Styropor gefertigten Kristall-Symbole, die – drei nebeneinander – lustlos im Licht der Neonröhre von der Decke baumeln. Wer will da an einem schönen Wintertag nur eine Minute verbringen? Journalisten werden es zumindest sein, die darin während des Spektakels untergebracht werden; die Halle werde als Mediacenter dienen, heißt es. Bleibt für die Tourismusverantwortlichen zu hoffen, dass die Berichterstatter den Anblick dieses Ungetüms vergessen haben, wenn sie über das Wintersportereignis im „schönen" Österreich berichten. Denn vom gegenüberliegenden Hotel, das einst zu den ersten Adressen im Ort gezählt hat, blickt man über eine Parkplatzlandschaft in eine suburbane Bebauung, die auch ein Möbelcenter beherbergen könnte: gleichsam gediegene Hüttenstimmung im „Shoppingcityvösendorf".

Es zeigt sich auch an diesem Beispiel: Jede Großveranstaltung zerstört natürlich gewachsene Ensembles. Wir können also in den abgelegendsten Winkeln von der kleinen Landesausstellung bis zu den Olympischen Spielen eine ganze Reihe von Veranstaltungen abhalten, bis wir die ganze Welt erschlossen (und zubetoniert und überbrückt etc.) haben. Wie nahe läge es da, die übernächsten Winterspiele am Südpol abzuhalten, um endlich Straßen zu den Rohstoffvorkommen zu errichten.

Wer übrigens von unserer zurückgebliebenen Landesausstellungs-Infrastruktur, der großkoalitionären blickverstellenden Nicht-Brücke, wieder ins hochsommerliche Tal fährt und dort nach einem Ausflug für die Kinder ein Eis sucht, findet nicht jene Infrastruktur, die viel lebensnäher und meist von größerer Schönheit wäre: etwa ein kleines Wirtshaus oder einen Eisstand. Wer das sucht, wird vom Kebab-Stand am Landungssteg zu einer Schlecker-Filiale gleich daneben verwiesen, wo im Salzkammergut-Parade-Ort die einzige Möglichkeit besteht, ein Eis für die Kinder zu kaufen. Die penetrante Beschilderung an der Fassade, die uns (noch) auf diese Filiale aufmerksam macht, haben selbst die detailgetreu kopierenden Chinesen bei ihrem Nachbau in einem südchinesischen Industriegebiet elegant übersehen. Denn es sind diese im Verhältnis zur Umgebung überdimensional großen Zeichen und Schriften, diese klotzigen, bunten Gebäude in den Diskontzonen am Land, die die Zerstörung der landschaftlichen Schönheit ausmachen.

Markierte Welten

Der große rote Sessel, der uns zwischen der Blechhalle des Möbelhauses und der Autobahnleitschiene anzeigt, dass hier auch Sessel verkauft werden, zieht sich bis in die dicht verbaute Stadt hinein. Er ist Symbol dafür, wie die Kommerzialisierung Raum greift – und wie die Bauwerke ständig darauf hinweisen, was sie selber sind. Sie bilden bald eine zusammenhängende Werbefläche am Rande der Autobahnen; Windräder und Silos als große, weit ins Land hinein sichtbare Werbeträger.

In der Stadt sieht man diesem Sessel an, dass er so groß ist wie die nebenan stehenden Häuser. Am Gehsteig stehend dominiert er die Gestaltung dieser engeren Umgebung. Wir gehen einmal davon aus, dass das alles rechtens und von allen zuständigen Behörden genehmigt ist, die uns wieder einmal im Namen der Wirtschaftlichkeit versichern: Wenn's auch nicht schön ist, die dafür zu entrichtenden Abgaben bringen der öffentlichen Hand doch viel Geld! Einige Gassen weiter hat ein Lebensmittel-Diskonter meterhohe aufblasbare Säulen mit Logo-Aufdruck auf den schmalen Gehsteig vor das Haus gestellt. Immerhin dienen sie den Hunden als Baumersatz. Warum hat der Drogeriemarkt ums Eck noch kein haushohes Häuslpapier vor der Tür stehen?

Wir lassen solche Entwicklungen auch zu, weil wir fürchten, tote Winkel, in denen kein Geschäft gemacht wird, bringen dem Stadtleben nichts. Machen wir doch alles zu einer Shopping-Mall. Ein Frequenzbringer wie das Möbelhaus kann doch nur die Immobilienpreise der Gegend hinauftreiben und sie für die Anleger attraktiv machen. Da müssen wir die großen Logos im kommunalen Raum eben hinnehmen. Bei den öffentlichen Verkehrsmitteln haben wir uns doch auch schon daran gewohnt, dass sie kein Teil der Stadtarchitektur sind, der sich ins Bild fügt, sondern fahrende Werbebotschaften, auf denen im besten Fall irgendwo klein die Liniennummer auszumachen ist.

Und auch ganze Gebäude werden zu einem Markenträger. Es geht bei diesen nicht in erster Linie um ein Erscheinungsbild in Zusammenhang mit der Umgebung, oder zumindest um eines nach dem Geschmack des Architekten oder Bauherren, sondern um den „Brand", um die Marken, die darin verkauft werden sollen. Es etabliert sich in diesem Zusammenhang wieder eine Zeichensprache über die Fassaden (deren Abhandenkommen in schöner Variante wir später noch beklagen werden ...), wie wir sie aus Zeiten kennen, als die Menschen des Lesens kleiner Buchstaben noch nicht so kundig waren. Um mit solchen kommerziellen Zeichen in der Stadt noch Reize auslösen zu können, gerät die Bestrebung in einer Spirale zum immer Größeren. Wie groß wird einst das gelbe M sein müssen, damit wir nicht verhungern?

Die Funktionalitäten werden immer größer bezeichnet und beschriftet, weil die Unternehmen meinen, nur so im Kampf um Aufmerksamkeit zu überleben: Die Stadt schreibt sich gleichsam *Stadt* auf die Skyline.

Ein einfaches Schild mit der Hausnummer (was bisher als nebensächliche Notwendigkeit für Postboten und Besuch gegolten hat) wird zunehmend von fassadengroßen Aufschriften ersetzt. Straßenname und Hausnummer sind von so großer Entfernung zu lesen, wie man im verbauten Gebiet der Stadt gar nicht zurücktreten kann. Das Haus soll – warum auch immer – eine Marke werden, vielleicht ein Landmark. Gewiss ist nur, über eine andere Art, etwa der Gestaltung des Gebäudes selbst, ist das nicht zu schaffen. Dafür fehlt der Anspruch.

Die Funktion des Gebäudes (und sei es oft auch nur die Adresse) wollen wir durch große Aufschriften erklären, die oft das gesamte Haus hinter sich verschwinden lassen. Anders lässt sich der Konsument offenbar nicht mehr leiten. Hinter dem Begriff *Medienfassaden* lässt man selbst jene Häuser verschwinden, die einst mit dem Anspruch, schön zu sein, errichtet worden sind. Das 1911 an der Wiener Mariahilfer Straße erbaute „Erste Wiener Warenmuster- und Kollektivkaufhaus“[28] – heute Stafa genannt – ist außen nur noch eine einzige Werbefläche; nicht einmal für Dinge, die darin zu finden wären. Es ist einfach wirtschaftlich, nicht nur den Innenraum zu vermieten. Die schönen Reliefs an der Fassade, die Szenen aus dem Arbeits- und Wirtschaftsleben zeigen, sind nicht nur historisch interessant, sie haben selbst die Weltkriegsbomben knapp überstanden.

Jetzt sind sie der Kommerzarchitektur zum Opfer gefallen. Immerhin hatte der Eigentümer durch behördliche Anordnung Abgüsse anzufertigen, die zwischen den Werbungen an der übergestülpten zweiten Fassade, der „Medienfassade“ angebracht sind.

Ein anderes Beispiel für die zerstörerische Kraft solcher Hinweise waren die auf der alten denkmalgeschützten Halle des Wiener Westbahnhofes angebrachten Werbetransparente für ein billiges Bahn-Angebot. Erst nach Abnahme dieser überdimensionierten Hinweise im Zuge des Umbaus hat sich für viele Reisende, die durch das Gebäude die Bundeshauptstadt erreichten, die Schönheit der in den 50er Jahren errichteten Bahnhofshalle erschlossen. Die vermeintlich nur nützliche und notwendige Nachkriegsarchitektur war freigelegt – und in ihrer Schönheit für kurze Zeit zu erkennen. Jetzt ist sie wieder verschwunden, eingequetscht zwischen zwei Wellblechbauten, von deren plumper Anpreisung im Maklersprech schon die Rede war. In einem befindet sich übrigens ein Hotel, dessen Betreiber die Kultur der überdimensioniert an der Fassade welk hängenden Werbetransparente fortsetzt. Da gibt es offenbar nicht einmal den Anspruch, dass auch der Blick auf dieses Haus für tausende Menschen täglich ein schöner Moment der Ankunft in der Stadt sein kann: In stockwerkshohen Lettern wird dem Reisenden mitgeteilt, wie billig hier alles ist.

Und im Falle des Lebensmitteldiskonters, der über die gesamte Länge des Hauses ebenfalls stockwerkshoch schreibt, dass es sich bei dem Tor rechts des Geschäfts um eine Tiefgarageneinfahrt handelt, kommt es auf den Werbeeffekt schon gar nicht mehr an. Es geht darum, die Befriedigung unserer vordergründigen Bedürfnisse (Essen, Schlafen, Parken) rasch zu finden, was die Oberfläche unserer Lebensumgebung aber entsetzlich entstellt.

Gänzlich verschwinden lässt die Umgebung eine neue Art der Licht-Werbung – oder präziser: Die Umgebung wird in diesem Fall zu einer einzigen Projektionsfläche kommerzieller Interessen. Ein österreichisches Unternehmen bietet an, Häuser – vorzugsweise mit heller Fassade – „an interessanten Plätzen" mit Werbesujets zu beleuchten. Auf ein außergewöhnlich schönes Haus mit klassizistischer Fassade, direkt gegenüber von Wiener Rathaus und Burgtheater, werden Rüben und Zwiebel geworfen; meterhoch – aber immerhin lässt sich der Strom nach so einer Tat auch wieder abdrehen.

Die gewerbliche Kreativindustrie konnte sich dabei guten Gewissens bei der Kunst bedienen. Da kennen wir die Verwendung von Fassade oder ganzem Gebäude als Träger der Kunst schon länger. Allerdings werden da bei gleicher Technik andere Inhalte oder Absichten transportiert.

Die Wiener Städtische Versicherung etwa, Inhaberin des ersten Hochhauses, das in Wien gebaut wurde, lässt die Außenhaut ihres Gebäudes ab und zu künstlerisch gestalten. Von den werblichen Medienfassaden umgeben, gewinnt der Passant aber hier nur den Eindruck, an der großflächigen Präsentation eines neuen Firmenlogos vorbeizukommen. Bei der Wiener Volksoper am Gürtel ist das noch deutlicher. Sie dient mit ihrer gebäudegroßen Aufschrift „Volksoper" nur noch dem Hinweis auf sich selbst. Auch wenn es in diesen Fällen mit künstlerischem Anspruch versucht wird: In einem Umfeld, in dem schönste Umgebung völlig zur Mitteilung von Geschäftsinteressen genützt wird, und der Eigentümer erkennt, auch dadurch noch ein paar Cent aus seinem Gebäude herausholen zu können, geht der hehre Anspruch unter.

Vielleicht ist es aber doch wieder die Kunst, die auch da – gleichsam zur Neutralisierung – den entgegengesetzten Trend liefern kann. Der Linzer Künstler Gregor Graf wirft bei seinem Projekt *Hidden Town* den Blick auf eine von Zeichen gereinigte Stadt.[29] Durch Retuschen werden alle Plakate, Werbehinweise, Geschäftsnamen, Logos, Verkehrszeichen etc. ausgeblendet. In der uns geradezu unheimlich anmutenden Stadt werden dadurch formale und plastische Eigenschaften der urbanen Baukörper freigelegt. Die *versteckte* Stadt wird – vielfach in ihrer Schönheit – wieder freigelegt. Ein für die Realität nachahmenswerter Gedanke.

Es ist aber nicht nur ein einzelnes Gebäude, von dem wir hinnehmen, dass es Träger einer Botschaft auf sich selbst oder auf ein anderes beworbenes Produkt wird. Es sind auch ganze Regionen.

Als in der Steiermark ein neuer Verwaltungsbezirk zu benennen war (er ist aus zwei zusammengelegten Bezirken hervorgegangen), haben Politiker des Landes in Erwägung gezogen, den Namen einiger Markenprodukte für Schinken oder Kernöl – immerhin aus der Region – zum Namen dieser zu bildenden neuen politischen Einheit zu machen. Vulkanland hätte sie demnach geheißen. Allerdings haben sich die Bewohner von Feldbach und Radkersburg noch rechtzeitig gewehrt, mit Haut und Haar (und vor allem den charakteristischen spitzen Ohren) Vulkanier zu werden – und statt eines Namens ein *Branding* für ihre neue Heimatregion zu bekommen.

Einem solchen Branding muss sich grundsätzlich alles unterwerfen, was schön ist (aufregende Tourismusangebote; Produkte, die nicht unbedingt in der Region hergestellt werden müssen, aber zumindest mit ihr assoziiert werden können; Orte, die imagebildend zur Ikone gemacht werden) – und vom Branding wird alles ausgeschlossen, was dem zuwiderläuft. Die Entscheidung darüber übernimmt in der Regel eine parallel zur politischen Verwaltung etablierte Marketing-Organisation.

Ganze Regionen begreifen sich in der Folge als Unternehmen, oder mehr noch: als Produkt, das auf dem Markt in harter Konkurrenz steht. Es ließe sich von Österreich eine Landkarte zeichnen, die nicht politische Grenzen zwischen Gemeinden, Bezirken etc. als Orientierung angibt, sondern Brands mit ihren dazugehörigen Logos: von der *Vier-Länder-Region Bodensee* bis zur *Bucklingen Welt – Land der tausend Hügel*, von der *Mühlviertler Alm – Ursprung der*

Lebensfreude bis nach *Kärnten – Lust am Leben*. Die Region integriert in der Folge nicht mehr die verschiedenen Interessen der dort lebenden Menschen, sondern wird zu einer Konkurrenzmaschine[30], die als Standort ständig in Wettbewerb zu anderen Standorten steht. Der eigene muss mit allen Möglichkeiten wirtschaftlicher Erschließung gewinnen. Die Schönheit der Umgebung ist dabei kein Kriterium, ihr Verlust steht den Zielen nicht entgegen: Die Umgebung kann in der Vermarktung so eng fokussiert werden, dass alle dazu notwendige Hässlichkeit ausgeblendet bleibt.

Und die Fokussierung auf das Schöne muss tatsächlich immer enger werden. Denn der Logik wirtschaftlichen Handelns wohnt nicht nur inne, Produkte – in unserem Fall leider die Umgebung samt Häusern und Regionen – mit Image aufzuladen und mit einem Brand zu versehen, um auf dem Markt der Aufmerksamkeiten wahrgenommen zu werden. Dieser Logik wohnt auch inne, immer größer zu werden. Wachstum gilt natürlich als unabdingbare Grundlage unserer Marktwirtschaft. Über die Unbegrenztheit dieses Wachstums wird in Zeiten wiederkehrender Wirtschaftskrisen auch immer wieder diskutiert. Und was die Zahlen betrifft, die das Bruttoinlandsprodukt ausmachen, kann man auch eine unterschiedliche Sicht der Dinge haben – nicht aber, was das Wachstum der Gebäude und Bauwerke betrifft, die in gleichem Maße in unserer Umgebung entstehen und die ganz sicher nicht weiterhin einem solchen Wachstum unterliegen können. Das ist nicht nur eine Frage, wie viel Landschaft wir uns in unserer Umgebung erhalten wollen; auch, welche riesigen Nützlichkeiten rund um uns stehen und in denen wir uns befinden; Bauwerke, die mit dem Maßstab unseres Aktionsradius nichts mehr zu tun haben

Eine der größten Attraktionen Prags sind die kleinsten Häuser, die einst errichtet wurden und heute noch stehen: die Häuser im Goldenen Gässchen auf der Prager Burg, dem Hradschin. Im 16. Jahrhundert sind die elf kleinen Häuser für die Burgwachen errichtet worden und haben seitdem ihre Funktion mehrfach geändert. Eines hat Franz Kafka vorübergehend als Wohn- und Arbeitsort gedient. Das ist natürlich nur vorstellbar, wenn man sich die Tausenden Touristen wegdenkt, die sich täglich durch die Gasse drängen und nur noch Souvenierläden und Cafés vorfinden. Das scheint sie aber nicht zu stören, denn die Faszination macht ganz offenbar weder die weit zurückliegende Errichtung aus, also das seltene Alter der Bausubstanz, nicht der Umstand, dass Alchemisten hier hätten Gold erzeugen sollen, noch die Liebe zu Franz Kafka. Es ist vielmehr die Schönheit dieses Ensembles kleiner Häuser, die allerdings alle in ihrer Gestaltung ganz individuell anmuten – als hätte einst jeder Wachmann zwanzig Quadratmeter zur persönlichen Gestaltung erhalten.

Wenn wir also den Massen an Touristen, die hierher kommen, ein Mittelmaß an Interesse unterstellen (also nicht den Ehrgeiz eines Literaturliebhabers, alle Wirkungsstätten seines bewunderten Autors zu sehen – und auch nicht den Herdentrieb, ausgelöst durch zwei *Baedeker*-Sterne), dann müssen wir zum Schluss kommen: Es ist vor allem die äußere Schönheit dieser kleinteiligen Gasse, die ihre Anziehungskraft ausmacht.

Blicken wir weniger weit zurück in die Geschichte auf jene Häuser, von denen es in Österreichs Altstädten zum Glück noch eine ganz Menge gibt; auf die, die um die vorletzte Jahrhundertwende errichtet worden sind; Gebäude mittleren Ausmaßes für Wohn- oder „Bureaux"-Zwecke (wie manchmal noch auf der Fassade zu lesen ist), in dichter städtischer Verbauung mit meist nicht mehr als ein paar hundert Quadratmeter Grundfläche. Kaum eine Beschreibung gibt schöner und besser Einblick, wie die Kleinteiligkeit dieser historischen Verbauung einst entstanden ist, als Frederic Mortons Roman *Ewigkeitsgasse*.[31] Die Handlung hat nur ganz am Rande mit unserem Thema zu tun: Es geht darin um einen jüdischen slowakischen Dorfschmied, der, wie viele andere Zuwanderer, sein Glück in der Hauptstadt der Monarchie sucht; in großer Anstrengung in der zweiten Hälfte des 19. Jahrhunderts für sich und seine Familie eine Existenz aufbaut, die 1938 vernichtet wird.

Falsche Größen

In unserem Zusammenhang bemerkenswert ist aber, wie Berek Spiegelglas (so der Name des Schmieds) unter größten Widrigkeiten nach und nach drei Häuser errichtet; für seine Werkstätte und zu Wohnzwecken für seine Familie und ein paar weitere Mieter. Es entsteht ein kleines Gässchen (die titelgebende *Ewigkeitsgasse*), in dem sich städtisches Leben entwickelt, das mit der Zeit immer besser aufgeschlossen wird, das aber auch maßgeblich von der gestalterischen Initiative des kleinen Schmieds abhängt (heute würde er von der Wirtschaftskammer durchaus als KMU betrachtet werden). Es ist der Inbegriff von Urbanität, die sich da herausbildet, so wie sie sich jene heutigen Stadtbewohner wünschen, die die Stadt ganz bewusst auch als *Lebens*-Ort für sich wählen. Auf diese Weise entsteht dieser Ort aber heute nicht mehr.

Denn es ist uns der Maßstab verloren gegangen; der Maßstab, für den wir Menschen mit unseren knapp zwei Metern Körpergröße, mit unserem Gesichts- und Wahrnehmungsfeld und mit unserem unmittelbaren Aktionsradius Referenz sind.

Damit sei nicht etwa den Kapsel-Hotels, wie sie beispielsweise in Japan entstehen, das Wort geredet. Ich will darin nicht liegen. Menschen in Nischen von knapp zwei Kubikmetern übernachten zu lassen, die uns an eine Prosektur erinnern, das kann nicht die zivilisatorische Entwicklung sein, die wir uns wünschen – auch wenn bei solchen Gelegenheiten die solches erschaffenden Architekten gleich auch weltanschauliches Unterfutter mitliefern: „Der Mensch mit seinen knapp zwei Metern Körpergröße braucht doch zum Schlafen ...“ und so weiter.

Absolute Größe steht der Kleinteiligkeit nicht entgegen. Es reicht der Blick auf den Wiener Stephansdom. Er hat, wie es Kirchengebäuden dieser Art eigen ist, ganz besonders den Anspruch, *Größe* darzustellen, Überlegenheit und Macht der Institution zu zeigen und den Menschen bei seinem Anblick klein werden zu lassen. Aber wir bauen keine Kathedralen mehr.

Sehen wir einmal davon ab, dass dieses Gebäude verglichen mit heutigen Bürokomplexen in Relation gar nicht mehr so groß ist. Den Menschen damals ist es als riesig erschienen – nicht zuletzt heißt das Haupteingangstor Riesentor. Und auch für uns zählt es natürlich noch zu den großen Bauwerken, auch was die Abmessungen betrifft. Dennoch erschlägt es uns nicht wie die Glasfassade eines Hochhauses. Wir rutschen bei der Betrachtung von unten nicht gleichsam ständig ab, haben es nicht aufgrund seiner Eintönigkeit binnen Sekunden erfasst, sondern können es uns optisch erschließen und im Wortsinne begreifen: Kaum ein anderes Bauwerk dieser Größe ist an so vielen Stellen innen und außen und zwischen der Fassade zugänglich (wenn auch nicht rechtlich, so jedenfalls technisch).

Der Grund dafür, dass uns dieser Maßstab verloren geht, scheint darin zu liegen, dass über die *Abmessungen* (nicht nur in Metern und Zentimetern, sondern auch in Wirkung auf Menschen und Umgebung) das Kapital entscheidet. Die Kleinteiligkeit in äußerer Gestaltung (wie am Beispiel des Ewigkeitsgässchens skizziert) geht also mit der Kleinteiligkeit des Investments einher. Das gibt es aber nur noch in großem Stile – die für die Wirtschaft so wichtigen Klein- und Mittelbetriebe sind unter den Bauherren nicht mehr zu finden. Das große Kapital sucht einen Anlageort, Immobilenentwickler vermitteln einen – ganz physisch.

Stellen wir uns vor, in gut frequentierter städtischer Lage sind plötzlich viele Tausend Quadratmeter Fläche frei und stehen für eine Verbauung zur Verfügung. So geschehen etwa an einigen Stellen des riesigen Wiener Westbahnhof-Geländes, wo durch die Errichtung des Zentralbahnhofs an anderer Stelle in der Stadt nicht mehr so viel Platz für die Gleisanlagen benötigt wird. Eine auch nur annähernd ähnlich strukturierte Verbauung wie in der Umgebung rund um den Westbahnhof ist allerdings völlig ausgeschlossen. Die Stadt, wie sie rundherum angelegt ist, mit Häuserzeilen und Straßen, mit Ecken und Plätzen, die sich nicht gleich auf einen Blick erschließt, die zumindest mit ein paar Schritten abgegangen werden muss, auf denen man etwas entdecken könnte, diese Stadt wächst nicht einfach weiter – in diesen neuen Raum hinein. Das trauen wir uns politisch und raumplanerisch nicht mehr vorzugeben.

Obwohl ein Experiment zeigt, dass die uns angenehme Kleinteiligkeit schnell zurückkehren würde.

In New York hat man den Bewohnern ein riesiges leer stehendes Parkhaus zur weiteren Bewirtschaftung überlassen. Die öffentliche Hand unterstützte das Projekt nicht zuletzt in der Form, als dass kein Unternehmen das gesamte Gebäude in Beschlag nimmt und etwa einen Ein-Dollar-Shop daraus macht. Das Parkhaus verstädterte daraufhin im besten Sinne; kleine Geschäfte öffneten, ein Marktplatz entstand und Büros siedelten sich an.[32]

Auch im dicht verbauten Gebiet versuchen Immobilien-Errichter, gleich mehrere zusammenhängende Liegenschaften zu erwerben (etwa das Nachbarhaus, um dessen Abbruch man sich auch gleich bemüht), um noch kostengünstiger einen großen Klotz in die Landschaft zu stellen, dessen Errichtung, Verwertung und Verwaltung möglichst standardisiert ist. Vielmehr noch wird also versucht, freie zusammenhängende Fläche nur einem Einzelnen zur Verwertung zu überlassen.

Auf den ehemaligen Gleisanlagen und dem, was an Fläche rundherum benötigt wurde, ist eine einzelne Idee eines einzelnen Investors umgesetzt worden: Mietzinskasernen, wie sie vor hundert Jahren schon kritisiert worden sind, die aber, weil es damals viel weniger kumuliertes Kapital gegeben hat, nur in geringerem Maßstab errichtet werden konnten.

Größe und Art der modernen Mietzinskasernen erschlagen die Vorübergehenden und bieten den Bewohnern wohl vor allem sozialen Konfliktstoff. Niedrige Raumhöhen und dichte Verbauung werden durch das Betonskelett noch unterstrichen, das Erdgeschoss besteht aus einer weitgehend tor- und fensterlosen Mauer, hinter der Nutzräume und Garage angesiedelt ist – um dorthin zu kommen, reicht in der nichtssagenden Wand schließlich auch für hunderte Autos eine einzige Einfahrt, die die Eintönigkeit unterbricht. In der Folge gibt es in diesem Straßenzug, anders als auf der Jahrhundertwendeseite, auf der neu verbauten Seite nichts, was das Auge auf sich ziehen würde, und noch weniger, das zum Verweilen einladen würde (und sei es ein Geschäft). In solchen Ensembles entstehen keine Plätze, die Geborgenheit vermitteln, oder Ecken, die zu Kommunikation und Frequenz einladen. Das wird zwar am Reißbrett versucht. Nicht neu aber, dass dies in den wenigsten Fällen klappt. Ein einsamer Baum in der Mitte einer kreisrunden Sandfläche, ohne Bänke in der Nähe, lädt niemanden ein, sich hier aufzuhalten. Wohnhausanlagen, auch mitten in der Stadt, werden vor allem durch das hässliche, ausschließlich funktionale Erdgeschoss, das nach außen nicht in Erscheinung zu treten braucht, zu großen Schlafanlagen. Oben schlafen die Menschen, unten die Autos – man hat den Eindruck: den ganzen Tag. Denn obwohl viele Menschen in diesem Komplex wohnen, auf der Straße ist es so leer wie zu den Füßen der großen Bürogebäude in den Gewerbekomplexen. Auf Straßenniveau herrscht das Flair einer Anlieferzone. Wir müssen uns die Straße als Wohnraum wieder zurückerobern!

Was hätte herauskommen können, wenn das ganz Areal in viele kleine Parzellen unterteilt worden wäre, von denen zwei, drei ein slowakischer Dorfschmied gekauft hätte – oder zumindest ein dem Mittelstand angehörender Stadtbewohner, der sein Geld nicht am Aktienmarkt verspielen will? Vermutlich nicht viel mehr als ein großer Investor, der allen Interessenten ein Angebot gemacht hätte, damit er die vielen Parzellen wieder zusammenführen kann, um ein „schönes" Projekt zu entwickeln (siehe oben).

Kapital und Technik setzen also keine Grenzen mehr – und führen zur *Alles-ist-möglich*-Mentalität, der wir uns im zweiten Kapitel gewidmet haben. Unseren Bedürfnissen und der Wahrnehmung von Schönheit kommt sie allerdings nicht nach. In der technischen Gigantomanie zu leben oder zu arbeiten, das reizt uns nicht. Am höchsten Gebäude der Welt ist das gut zu beobachten.

Das *Burj Khalifa* in Dubai ist 828 Meter hoch. Darin sind ein Hotel, Büros und Wohnungen untergebracht. Neue Materialen lassen bald auch ein doppelt so hohes Gebäude nicht einstürzen. Die Lust am Ranking (Erster geworden – in „höchste Häuser"), zu zeigen, welche Konstruktionen wir in die Landschaft stellen können, überwiegt in diesem Fall ganz deutlich die tatsächliche Nützlichkeit. Der Wolkenkratzer in Dubai ist gern gewähltes Hintergrundsujet für Werbungen aller Art, die Nachfrage nach den Wohnungen mit dem seltenen Fernblick ist allerdings bis auf null hin verschwindend.

Der Leitsatz, den die Moderne einst hervorgebracht hat, „form follows function", hat sich also selbst überholt. Denn für eine bestimmte und auch zuvor schon erforderliche Nutzung werden viele Gebäude gar nicht mehr errichtet. Es geht darum, so groß wie möglich zu bauen – der Sinn muss sich (wie bei diesem Beispiel in Dubai) später erschließen. Da sind dann die Marketingtalente unter den Maklern gefragt.

Technisch möglich ist es auch, nicht nur höhere, sondern immer größere Volumina zu schaffen, etwa noch größere Hallen. Wenn es jetzt nur um einzelne Schihänge für die Flachlandbewohner in schneearmen Regionen geht, ist es technologisch wohl kein allzu großer Schritt mehr, ganze Schiregionen zu überdachen (zu Beginn vielleicht mit dem Argument, den Schirennläufern beim Bewerb die absolut gleichen Bedingungen bieten zu können). Österreichische Tourismus-Vertreter meinen übrigens, deutsche Ruhrpottbewohner zu einem Tirolurlaub zu animieren, wenn diese einmal bei Neonlicht und absoluter Windstille ein paar Sekunden einen Kunstschneehang hinuntergerutscht sind.

Wer Schifahren als Umgang mit Material begreift, für den mag das reichen. Wer das Sein in der Natur allerdings als Erlebnis für Bauch und Kopf empfinden will, dem kann die Schihalle wohl keine Alternative zur Schönheit der Bergwelt mit Sonne, Schnee und Wind werden. Noch dazu, wo man den schlimmsten Widrigkeiten der Natur mittlerweile ja auch am Sessellift auf den Dreitausender hinauf nicht mehr in aller Schutzlosigkeit ausgesetzt ist. Die Schisporthalle ist eine virtuelle Realität, an die wir uns in den vielen computersimulierten Umgebungen, in denen wir uns mit den Beinen unterm Schreibtisch aufhalten, längst gewöhnt haben. Dem Produkt der Schihalle fehlt allerdings genau die Substanz, die die Gesamtheit des Schifahrens ausmacht – und dennoch erleben die Besucher die virtuelle Realität mittlerweile als ganz real.

Es gilt natürlich für alle Outdoor-Sportarten, die *ins Haus* geholt werden, dass sie auf die Technik reduziert werden – und mit ihnen das Erlebnis ein künstliches wird. Künstlich wird aber in allen diesen Fällen von Schi-, Squash- oder Kletterhallen keine Schönheit geschaffen, sondern nur Raum. Und das gilt in Folge auch für alle allzu großen Bürokomplexe.

Die absolute Größe hat in allen Fällen immer größte Künstlichkeit zur Folge. Ökonomische Kriterien führen zu immer größeren Planungen, Stahlbauweise und Klimaanlagen haben die Grenzen in den letzten hundert Jahren immer weiter nach oben gerückt. Die Nutzfläche scheint sich in der Logik der Immobilienentwickler immer dann leichter vermarkten zu lassen, je größer sie ist. In China etwa gehören unter den neu errichteten Bürogebäuden Geschossflächen von einer halben Million Quadratmetern zum Standard. Gleichzeitig, so sagt der niederländische Architekt Rem Koolhaas[33] (der dort gerade für das staatliche Fernsehen das nach dem Pentagon nutzflächenmäßig größte Haus der Welt gebaut hat), ist ein wirtschaftlicher Betrieb kaum zu erreichen, weil es hohen Aufwand braucht, um einen solchen Koloss mit Licht und frischer Luft zu erfüllen.

In Österreich gibt es das schon lange, noch dazu für die Menschen, die eine schöne Umgebung besonders dringend bräuchten: jene, die an der Kippe zwischen Leben und Tod stehen oder zumindest ein schlimmeres Leiden haben. Und natürlich auch jene, die sie in Diensten behandeln, die manchmal über vierzig Stunden dauern. Es ist die Gesundheitsfabrik am Wiener Gürtel, das AKH. Selbst bei den gesündesten Menschen müssen die niedrigen langen Gänge, auf denen, so weit das Auge reicht, kein Tageslicht zu sehen ist, irgendein Leiden hervorrufen. Wie soll man da also als Patient bestehen können? Und vor allem, wie soll man da in zermürbend langen Diensten eine belastende und verantwortungsvolle Tätigkeit verrichten, ohne komplett auszubrennen? Es sind nicht das Ärzte-Arbeitsrecht oder die Sparmaßnahmen im Gesundheitsbereich, die es erforderlich machen, dass die Bediensteten dort „Lichttage" konsumieren müssen. Es ist die Umgebung, die so errichtet worden ist, dass das Allernatürlichste nicht vorhanden ist: Tageslicht. Aber das war beim ambitionierten Plan, eines der größten Spitäler der Welt zu errichten, nicht hineinzubekommen.

Warum bleiben wir nicht bei kleineren Abmessungen? Weil mit dem „Alles ist möglich" bei der Errichtung von Bauwerken auch gleichzeitig nichts mehr möglich ist: Denn in der einfachen Wahrnehmung wird alles, was dahinter zurückbleibt, als unzulänglich und halb wahrgenommen. All das, was wir uns im Namen der Wirtschaftlichkeit gefallen lassen oder selbst betreiben – und wofür wir nun einige Beispiele angeführt haben (von denen sich unzählige ähnliche an anderen Orten in unserem Land finden lassen) –, all das führt dazu, dass unsere Umgebung etwas Wesentliches verliert, was sie in einem tiefen Sinn schön macht: ihr Wesen.

Können Sie mir aus vergangenen Epochen,

also aus kultivierteren Zeiten,

eine Geschmacklosigkeit nachweisen?

Adolf Loos

IV

VERLUST UND ERSATZ

Was wir verloren und bekommen haben

Das Wesen einer Sache ist der Kern ihrer Existenz; das, was sie im Innersten ausmacht. Es ließe sich schwer wegdenken, ohne dabei plötzlich eine andere Sache im Auge zu haben. Was unsere Umgebung betrifft, so *denken* wir uns den Wesenskern nicht weg, wir *schaffen* ihn weg. Dass die Umgebung dabei ihr Wesen verliert, merken wir vielfach nicht, weil wir uns ihr Wesen über die Jahre angelernt haben, weil wir nur noch daran *glauben* (es uns also dazu denken), wie wir damit auch an die Schönheit des Orts nur noch *glauben*.

Denn die Schönheit eines Ortes hängt mit ihrem Wesen ganz eng zusammen: Beides ist aufgeladen durch unsere Verwurzelung in der betreffenden Umgebung, durch die Authentizität, die sie uns vermittelt, und durch die Geschichte, die sie hat – oder die wir ganz persönlich in ihr haben. Wir sind aber bereit, das alles aufzugeben, womit die Umgebung ihr Wesen verliert.

Verlust 1: Erzählung

Lange hat uns unsere Umgebung etwas erzählt: Figuren, Bilder, Skulpturen in jeder Form waren allegorisch. Das musste man natürlich übersetzen können. Auch eine Fähigkeit, die uns verloren gegangen ist. Vieles sagt uns nichts mehr und ist, wenn es ohne Bezug und Aussageanspruch reproduziert wird, Kitsch. Die Umgebung will uns nichts mehr sagen. Mehr noch: Sie sagt uns, dass sie uns nichts sagen will – je glatter eine Fassade, desto besser. Niemand muss sich erklären. Die Fassade, das Äußerliche unserer Umgebung ist es aber, das sie uns wahrnehmen, sie erkennen lässt. Sie ist das Gesicht unserer Umgebung (lateinisch „facies", „Gesicht" steckt auch im Wort). Und das Gesicht ist es doch immer, das uns einen Menschen in seinem Wesen erkennen lässt, ihn uns auf den ersten Blick sympathisch oder unsympathisch erscheinen lässt. Nach diesem kleinen Ausschnitt, und nicht nach dem restlichen Körper, beurteilen wir sein Wesen. Die Fassade, das Gesicht eines Gebäudes wird damit gleichsam zur „Wand mit öffentlichem Bewusstsein".[34]

Und dennoch tun wir sie despektierlich ab. Die Fassade hat in unserem Sprachgebrauch etwas Abwertendes erfahren. Es sei doch nur Fassade, sagen wir, ein Schein, der verdeckt, was schlecht ist – und sollte uns daher nicht als Behübschung daherkommen. An die Fassaden der Gebäude richten wir mittlerweile den gleichen Anspruch.

Das Bedürfnis, uns in unserer Umgebung – auch im städtischen Raum – wohlzufühlen, also eine emotionale Verbindung zu ihr einzugehen und herzustellen, haben wir nie verloren. Wir haben nur die Bereitschaft verloren, Gebäude in den epochalen Stilen zu errichten. Es braucht natürlich niemand sein Haus barock zu verzieren (was aus solchen Versuchen wird, sehen wir an den venezianischen Löwen, die in manch burgenländischem Straßendorf jedem zweiten Einfahrtstor aufgesetzt werden). Wir können aber eine neue Sprache finden, die unsere Umgebung wieder etwas erzählen lässt – und wodurch wir eine emotionale Verbindung zu ihr herstellen können.

Klassische Ornamentik war für die Menschen einst wie ein offenes Buch. Heute können wir zwar darin nichts mehr lesen, erfreuen uns aber dennoch an der gelungenen Gestaltung, sei es durch die Wirkung in ihrer Gesamtheit oder die raffinierte handwerkliche Ausführung. Wir bleiben an Ersterem mit unseren Blicken hängen, Zweiteres regt uns oft sogar an, es anzugreifen.

Die global gleich anmutende neue Stadt-Architektur vermeidet es, uns irgendetwas zu sagen – und nur so kann sie auch überall hingestellt werden. Wir Menschen sind aber nicht globalisiert. Nur das Finanzkapital ist es – und damit auch die Investoren, die in Immobilien investieren. Wir Menschen leben in einer physisch *immobilen* Umgebung, wie es der Begriff der Immobilien schon nahe legt. Dennoch wird diese Umgebung in ihrem Äußeren zunehmend global austauschbar und gleicht sich in Städten ganz unterschiedlicher gesellschaftlicher Kultur.

Den Verlust an emotionalen Botschaften durch unsere Umgebung kompensieren bemerkenswerterweise die Sprayer dieser Stadt. „Some people become cops because they want to make the world a better place. Some people become vandals because they want to make the world a better looking place", wird der Straßenkünstler Robin Banksy vom Wiener Architekten Gregor Eichinger zitiert,[35] dem zufolge die Sprayer die Nachfahren der Architekten sind, weil sie die Häuser mit ihren fehlenden Botschaften beschriften und versuchen, die Idee der Ornamentik und der Kommunikation in gebauter Architektur wieder zu etablieren und Bilder in den Köpfen zu erzeugen.

Wer hätte gedacht, dass uns gerade diese allgemein als Verschandelung der Umgebung wahrgenommenen Aktionen eines kleinen Kreises auf Bedürfnisse hinweisen, die ein viel größerer Teil der Bewohner und Benützer der Stadt tatsächlich hat. Es hat mich mit dem Graffito auf unserem Haus versöhnt, als ich dasselbe „tag" (wie das Zeichen der Sprayer genannt wird) an anderer Stelle in der Stadt entdeckt habe: Art und Ort der Tags dieses Sprayers lassen durchaus auf einen künstlerischen Anspruch schließen.

Der belgische Street-Art-Künstler Roa sprayte bei einem Österreich-Aufenthalt im Jahr 2011 seine typischen Tier-Motive (Ratten jagende Füchse und Ähnliches) großformatig auf Wiener Häuser; weil er nun doch schon ein arrivierter Künstler ist, der kürzlich sogar im renommierten Museum of Contemporary Art in Los Angeles ausstellte, natürlich nur auf *legale* Flächen. Dennoch werden die Passanten auf den sonst nichtssagenden Mauern, Einfahrtstoren und leeren Auslagen plötzlich emotional mit ihrer Stadt konfrontiert.

Leider sind wir bereit, uns diese Gefühle in unserer städtischen Umgebung ständig vortäuschen zu lassen; dort, wo verwahrloste Viertel, die nicht genügend Rendite abwerfen, kommerziell verwandelt werden – oder, wie das so schön genannt wird: gentrifiziert werden unter dem Diktat der Wirtschaftlichkeit.

Junge Kultur wird mit prekären, aber günstigen Mietverhältnissen angelockt, die Zwischenmieter vermitteln eine lebendige und wilde Stadt. Der Kommerz steuert, was in früheren Tagen Hausbesetzer erreicht haben: Freiräume für eine Gegenkultur zu kleinstem Preis und in guter Lage. Als Standortfaktor wird es plötzlich wichtig, dass es eine Subkultur gibt, mit interessantem Nachtleben, Off-Galerien und Off-Theatern sowie einer überschaubaren Schwulenszene. Was sich vermeintlich als Gegenkultur etabliert hat, ist aber wirtschaftlich und standortpolitisch gewollt – und damit sogleich alles andere als Gegenkultur. Sie wird in das wirtschaftliche Konzept integriert und wandelt sich rasch in einen Bogaboo-Faktor des Stadtteils. Und der bringt – wie an den Preisen dieses teuren Kinderwagenmodells zu sehen ist – Kaufkraft, höhere Mieten und mehr Rendite.

Und so ist auch die scheinbar „wilde Schönheit der Stadt", zu der der beschriebene Sprayer beigetragen hat, umgehend kommerziell vereinnahmt worden. „Die Premium Immobilien AG ist stolz darauf, dass einem der derzeit angesagtesten Street-Art-Künstler auch ein Premium-Haus als Malfläche gedient hat", lässt der Immobilienentwickler ausrichten und plant auf dem Grundstück einen Neubau nach Niedrigenergiehausstandard. Da werden uns die Fassaden dann wieder die neue alte Geschichte erzählen, vom Sieg der Technik über die Schönheit – und uns mit der Rettung des Weltklimas ein gutes Gewissen bereiten.

Die Wasserspeier-Fratzen, die opulent die Kathedrale Notre Dame in Paris zieren und uns etwas über die Abgründe des Lebens erzählen, halten wir nicht mehr aus. Der Stachel, der uns in unserem Alltag provoziert, kommt daher auch über andere Medien als über eine Fassade. Die Aufgabe, das ganz Abscheuliche, den Teufel in allegorischen Gestalten darzustellen, um uns eine Gegenwelt zur sozial erwünschten Alltagswelt zu zeichnen, übernehmen Fernsehen und Internet. Dort finden wir die Gegenwelt, die wir uns versagen, mit Mord und Totschlag. Und diese Geschichte können wir uns überall erzählen lassen – nicht nur an einem bestimmten Ort mit einer bestimmten Fassade.

Verlust 2: Geschichte

Soziale Mobilität ist zur vermeintlichen Voraussetzung unseres Arbeitslebens geworden: Wer nicht bereit ist, seine Verwurzelung aufzugeben und an einen anderen Ort zu ziehen (und da ist einer gemeint, der mit der bisherigen Netzkarte nicht mehr erreicht werden kann), könne heute am Arbeitsmarkt nicht erfolgreich sein, reden uns die Standesvertreter der Wirtschaftsbosse ein. Wie viel die Identität des Menschen mit dem Ort, an dem er lebt, zu tun hat, interessiert dabei kaum. Ob wir diese Lebenstipps nun tatsächlich ernst nehmen oder nicht, das Ergebnis ist: In der ersten Hälfte des 20. Jahrhunderts sind die Menschen etwa einmal in ihrem Leben an einen anderen Ort gezogen, wo sie dann aber heimisch geworden sind. Heute gibt es *Lebensabschnittswohnsitze*, wie wir auch sonst kaum sehr viel haben, das über einen Lebensabschnitt hinausreicht.

Da sind wir froh über den im Falle geänderter Raumsituationen rasch austauschbaren Hemnes-Vitrinenschrank, in dem wir das Service aus Färgrik-Schüsseln aufbewahren. Nicht nur weil es wirtschaftlich ist, bei Ikea einzukaufen (in Wirklichkeit natürlich nur billig), sondern weil uns diese Dinge vermeintlich eine Lebenserzählung mitliefern. „Natürlich und gemütlich" heißt es, sei der Byholma-Sessel – und tatsächlich könnte da schon einst die häkelnde Omama an ihrem Lebensende herausgekippt sein.

Die Erzählung, die diesen weltweit standardisierten Dingen anhaftet, konstruiert uns eine pseudoindividuelle Erinnerung, die wiederum Voraussetzung ist, um Schönheit empfinden zu können. Denn die resultiert in einem großen Teil aus der Erinnerung, die in diesem Fall aber nur eine von der Industrie suggerierte Erinnerung (oder eben mitverkaufte Erzählung) ist, um dem uns umgebenden Ort Wesen zu verleihen. Das global agierende Unternehmen, das es mit seiner überall gleichen Ware sogar geschafft hat, den Billy-Regal-Index zu etablieren, mit dem sich Kaufkraftparitäten in verschiedenen Ländern vergleichen lassen (wie etwa auch mit dem Big-Mac), schafft es also, unsere wesenlos gewordene Umgebung mit einer fiktiven Geschichte aufzuladen. Mit der Einrichtungsbibel schlechthin: 175 Millionen Stück weltweite Auflage jährlich lässt den Ikea-Katalog tatsächlich unmittelbar hinter der Bibel rangieren. So einheitlich kann Individualismus sein.

Wir spüren die Fiktion aber und erfreuen uns dann ganz ungemein an der Lektüre von Home-Stories auf den Society-Seiten der Magazine, in denen uns der prominente Künstler seinen „superbequemen Flohmarktsessel" zeigt, den er mit 16 Jahren erworben hat, und der Fußballer uns seine als Wanddekoration angebrachten verschwitzen Tormannhandschuhe erläutert. Echte Geschichten, echtes Leben, eine schöne Wohnung – anthropologische Orte, an denen die Landschaft (und sei es nur die Sitzlandschaft) wieder ihr Wesen bekommt.[36]

Wir spüren also die abhandenkommende Authentizität unserer Umgebung und ersehnen sie uns zurück. Sie kann uns geliefert werden. Denn selbst die Authentizität ist ein Produkt geworden, das wir uns am Markt kaufen können: einst am Flohmarkt, heute in großem Stil am Altmaterialien-Markt und im Antik-Center, der uns die Ausstellungsvitrinen für ein ganzes Museum anbietet und Beichtstühle für eine barocke Kirche bereitstellt. Altmaterialienmärkte, die sich in den letzten Jahren auch in Österreich etabliert haben, bieten uns vielfach Baustoffe an, nur mit dem Unterschied: alt, verbraucht, schäbig – und sehr viel teurer (gleichsam mit extra viel Geschichte). Wer jemals am Gelände eines solchen Alt-Baustoff-Händlers Bodenfliesen gesucht hat, weiß, dass man den Quadratmeter Rohmaterial etwa mit dem dreifach höheren Preis kalkulieren kann. Selbst neue Steinzeugfliesen, die aussehen wie neue Steinzeugfliesen vor hundert Jahren ausgesehen haben, sind günstiger zu haben als jene, denen schon ein paar Ecken fehlen und über die sichtbarerweise schon hunderttausende Male jemand drübergegangen ist.[37]

Was ein Teil der Gesellschaft auf der einen Seite wegen Wertlosigkeit aus dem alten Gemäuer herausreißt und damit zu Müll macht, dem läuft auf der anderen Seite ein anderer (wenn auch kleinerer Teil) sofort nach, um sich damit einen bleibenden Wert zu sichern. Weil wir die Schönheit der Dinge nicht dort erkennen, wo sie sind, sondern die natürliche Schönheit gewachsener Umgebung ignorieren, nimmt sich der Markt dem an. Der Gegentrend zum Heraus- und Abreißen wird umgehend in den Kommerz integriert, die Widerständigen bekommen ihre eigene Einrichtungslinie.

Auf diese Art und Weise gewollt, fügt es sich leichter in eine Welt, aus der wir den Alterungsprozess verbannen – die neu eingebauten Altmaterialien sind ja nicht *wirklich* alt. Lebendem Material wird mit Schönheitschirurgie oder Photoshop nachgeholfen, in unserer Umgebung hat die industrielle Fertigung fugen- und risselose Oberflächen zum Standard gemacht. Sie werden zumeist aber nicht alt, sondern nur kaputt. Und daher fehlt schon wieder die Geschichte, die uns unsere Umgebung vermittelt.

Vintage (ein bisschen mehr als das Tischerl von der Tante und das Stück vom Flohmarkt) vermittelt uns ein wenig von der Erzählung, die die Umgebung leisten könnte. Die Wiener Stadtzeitung *Falter* hat für diese Gruppe, die in den allzu glatten, neuen und komplett durchgestylten Lokalen die Erzählung der Umgebung vermissen, eine „Grind-Tour“[38] zusammengestellt, im Zuge derer man die noch nicht zu Tode sanierten „grindigen“ Beisel aufsuchen kann.

Dort gibt es ohne Zweifel mehr *Wesen*, aber eben weniger *Wirtschaftlichkeit* als im Klassiker der Systemgastronomie: bei McDonald’s. Da essen wir *infantilisierte* Nahrung. Aus den drei Geschmacksrichtungen süß, sauer und scharf wird ein globaler Durchschnittsgeschmack hergestellt. Beigegebenes Spielzeug und Nahrung verschwimmen in ihrer Bedeutung – und bei vielen Kunden ist nicht mehr klar, worauf sich ihr Bedürfnis richtet. Der künstliche Geschmack setzt sich fort, auch wo er nicht mehr über den Gaumen wahrgenommen wird. Die Restaurants sind infantilisierte Gebäude: pseudofuturistische Ausformungen mit überdimensional großer erklärender Bezeichnung („M“ – erfordert keine intellektuelle Leseleistung wie etwa bei der Aufschrift „Wirtshaus“), davor ein genormter Kinderspielplatz, auf dem bis zuletzt als trauriger Clown Ronald McDonald gestanden ist.

Auch auf diese Art wird den Österreicherinnen und Österreichern also die Schönheit abgewöhnt. Einem Großteil übrigens, denn die sogenannte Systemgastronomie (klingt schon ganz zu Recht nicht schön) hat mittlerweile fast die Hälfte des Umsatzes an Auswärts-Essen auf sich vereint. Und es kommt noch schlimmer: In großer Aufholjagd befinden sich die Restaurants (die dürfen sich so nennen) in Möbel- und Supermärkten. Ein Fünftel des Auswärts-Essens-Umsatzes wird in dieser noch zweifelhafteren Umgebung ausgegeben.[39]

Auf die Idee zu kommen, dort zu essen, ist bei einem Großteil der Gäste dort nicht die bewusste Entscheidung für genau diesen Ort. Er wird vielmehr als Durchgangsort in Kauf genommen. Beim Möbelmarkt Ikea ist das auch gleich so konzipiert: Eine der vielen Hallen, auf halbem Wege zwischen Eingang und Kassa, ist der Nahrungsaufnahme gewidmet. Durchgangsorte oder Transiträume sind besonders nützlich (wir *müssen* ja durch) – und wie wir von Théophile Gautier schon wissen, daher besonders anfällig für Hässlichkeit.

Ersatz 1: Transiträume

Erinnern wir uns an unseren Architekten Klaus S., der sich mit dem Auto ins Salzkammergut begibt. Unter gewöhnlichen Fahrbedingungen ist er etwa drei Stunden lang unterwegs. Zwei Stunden und 55 Minuten davon, verliert er sich allerdings in Transitorten; dort, wo er niemals sein Ziel sehen würde, und wo auch alle anderen nur sind, um woanders hinzukommen. Das beginnt in der Tiefgarage seines Hauses und endet bei der Abfahrt „Bad Goisern Süd".

Reisen, so sagen wir oft, sollte schon das *Unterwegs-Sein* sein, und nicht erst die Ankunft an einem Ziel, das es möglichst schnell zu erreichen gilt. Aber weil wir kaum eine Reise als tatsächliches Entdecken von Neuem begreifen (im besten Fall als Aufsuchen von Sehenswürdigkeiten, die wir zwar aus dem Internet kennen und nur noch nicht in natura gesehen haben), wollen wir auch alle Unwägbarkeiten und Zufälligkeiten ausschalten, die uns vom geplanten Reiseverlauf abbringen können – und die uns erst Neues und Überraschendes sehen lassen würden. Wir normieren also (ohne dass es dazu einer formalisierten Norm bedürfen würde, wie es etwa weltweit die Verkehrszeichen sind) unsere Durchgangsräume, damit es für alle Menschen aus unterschiedlichsten Kulturkreisen mehr oder weniger gleich einfach ist, sich zurecht zu finden.

Gebührenpflichtige Parkplätze, Autobahnknoten, U-Bahn-Terminals, Shopping-Center und natürlich der Raum, der auch im alltäglichen Sprachgebrauch „Transit" im Namen führt, der Transitbereich mit seinen immer gleichen Geschäften an jedem Flughafen, das alles sind Orte, die keiner Deutung bedürfen, die keine Identität haben. Sie haben keine Geschichte zu erzählen und sind in ihrer reinsten Form *wesenlos*. Es sind geschichtslose Orte, die auch nicht an ihre historische Umgebung anknüpfen – und die jeden weiterleiten, der den entsprechenden Identitätsnachweis erbringt oder seine Kreditkarte durch einen Schlitz zieht. Wir finden uns in der ganzen Welt in einem Parkhaus zurecht – jedenfalls sind die Schwierigkeiten, den Zahlautomaten ohne große Umwege zu finden, überall sehr ähnlich gelagert.

Die Zahl dieser Durchgangsorte wächst ständig. Aber beängstigender als ihre Zahl ist der Umfang, den sie einnehmen; der Raum, den sie fressen – und in dem wir gezwungen sind, uns zu bewegen. Natürlich kann Klaus S., um die wesenlose Transitlandschaft der Bundesstraßenumgebung zu vermeiden, auf seiner Fahrt ins Salzkammergut den Kaiser-Franz-Joseph-Gedächtniszug nehmen, der diese Strecke mit kommerziell produzierter Historie fährt („Mit Volldampf in die Vergangenheit"), aber das will er eben noch weniger.

Die ausfransend urbanisierte Landschaft ist zwar ihrem äußeren Anschein nach wild gewachsen (Logik erkennt vielleicht der Planbetrachter am zuständigen Amt für Raumplanung), aber nicht mehr wild in dem Sinne, als dass sie abenteuerlich anmuten könnte, sodass sie persönliche Entdeckungen zulassen könnte, wie sie die „Wildnis der Stadt“ zumindest im übertragenen Sinn noch bietet. Wenn wir Lust dazu haben, lassen wir uns gerne in den Archetyp von *Downtown* fallen, lassen wir uns durch die bewegte Stadt treiben, und haben (zumindest entfernt) das Gefühl der abenteuerlichen Wildnis, in der uns Unvorhergesehenes zustoßen kann, Gutes und Schlechtes. Im Speckgürtel haben wir das nicht: Wenn wir einen kennen, kennen wir jeden. Die Trostlosigkeit des um sich greifenden Charmes verlassener Autobahnraststätten ist überall dieselbe.

Die bewusste *schöne* Gestaltung der Durchgangs- und Reiseräume, der beschriebenen Transiträume also, ist mit den 50er Jahren des letzten Jahrhunderts zu Ende gegangen. Der Futurismus der Gebäude, von der Tankstelle am Land bis zum Flughafengebäude am Rand der Metropole (diese Art Bauwerke hatten natürlich immer schon mehr als andere mit ihrer Gestaltung in die Zukunft zu weisen), hatte Anspruch auf für sich selbst stehende Schönheit, nicht ausschließlich auf sich an Kapazitäten orientierender Funktionalität.

Heute pulsieren Flughafengebäude nicht nur aufgrund der darin stattfindenden Frequenz, sondern aufgrund der häufigen Veränderungen ihrer Gestalt, die sehr präzise den Auslastungsschwankungen angepasst wird, die also vergrößert oder verkleinert, an- und umgebaut werden – und daher im Sinne der Wirtschaftlichkeit nicht schön errichtet werden. Es entsteht „kein Bau mehr, eher ein Flow".[40]

Seit Fliegen, und Mobilität ganz allgemein, kein Symbol mehr für eine neue Zeit ist, fehlt die Lust, die damit einhergehenden Tätigkeiten zu inszenieren. In den 50er und 60er Jahren hat selbst die Tankstelle in Film und Photographie eine große Rolle gespielt. Der Tankvorgang war ein Ereignis: im Tankstellenbuffet mit viel Glas, Stein und Aluminium, ohne Werbeschriftzüge und aufgestapelter Grillkohle davor; unter dem fliegenden Dach ist ein Kaffee dazu genommen worden – eine Inszenierung, die wir als Mythos wahrnehmen.[41] Heute meidet man ein Tankstellenimbiss wohl besser und nimmt lieber schnell alles ins Auto mit, es sei denn, man ist Alkoholiker und beabsichtigt öffentlich weiterzureisen. Und wer findet eigentlich die ÖBB-Business-Lounges so schön, dass sie einst zum Mythos werden können?

Wenn wir auf Reisen sind, finden wir uns also die meiste Zeit im Zustand des Transits: Wo wir sind, wollen wir nicht sein – und meinen mit „eine Reise machen" daher auch mehr nur das Ziel, an dem der Urlaub stattfindet. Wir reisen also, mehr denn je, um anzukommen – und nicht, wie Goethe postuliert, um zu reisen. Auf die möglichen Ziele, auf die sogenannten *schönen Orte*, werden wir daher auf all unseren

Durchgangsstrecken deutlich hingewiesen. Die Welt wird damit in zwei Sphären geteilt: eine, die zwar schön ist, aber zunehmend künstlich anmutet. Sie gilt mittlerweile als Gegenwelt und wird dem Rest, dem Durchgangsland, dem Transitraum, gegenübergestellt.[42] In seiner hässlichsten Form begegnet er uns am Rande vieler österreichischer Gemeinden: als sogenannte Umfahrungsstraße, die sie aber längst nicht mehr ist.

Ersatz 2: Umfahrungsstraßen

Einst sind Umfahrungsstraßen gebaut worden, um die lästigen Fremden, die kein Interesse haben, im Ort stehen zu bleiben, davon fern zu halten. In immer weiteren Kreisen sind die Fahrzeuge um den Ort geführt worden. In manchen Regionen lassen sich zwei bis drei Generationen Umfahrungsstraßen, immer weiter weg, erkennen. Daraufhin ist es ruhig geworden in den Dorfkernen – zu ruhig, wie sich schnell herausgestellt hat. Diesem viel beklagten Phänomen (Wirtshaussterben, Greißlersterben, Schuster-, Bäcker-, Fleischersterben!) ist allerdings nie etwas entgegengesetzt worden, was über den naiven Appell „Fahr nicht fort, kauf im Ort!“ hinausgegangen wäre. Dieser Appell hat kein Bedürfnis der Menschen getroffen. Und als dieser Reim dann auch noch von den Vernünftigen mit dem Argument der „Kaufkraft für die Region“ (die mit dem Hierbleiben gestärkt werden sollte) angereichert wurde, hat der potenzielle KiK-Kunde, der damals noch nichts von diesem Spar-Paradies wissen konnte, gerochen: Hier wird es wohl teurer sein, nur fort!

So weit wie am Beginn des Umfahrungsstraßenzeitalters in den ausgehenden 70er Jahren muss der Landbewohner in der Postumfahrungsstraßenzeit aber gar nicht mehr fahren. Denn an diesen oft autobahnähnlichen Straßen ist wieder genau jene Entwicklung zu beobachten, die es vor hunderten Jahren an der zentralen Kreuzung im Dorf gegeben hat, oder die es (um nicht so weit zurückzugreifen) im 20. Jahrhundert in den zentralen Verkehrsachsen und Fußgängerzonen unserer Städte gegeben hat. Im Postumfahrungsstraßenzeitalter haben wir erreicht, dass die Ortskerne zwar aussterben, die Gewerbetreibenden mit ihren Kommunalabgaben aber dennoch in der Gemeinde (oder besser: im Gemeindegebiet) bleiben.

Nicht nur Gebrauchtwagenhändler, Baumarkt und die üblichen verdächtigen Diskonter, sondern auch Ärztezentrum, Apotheke und Optiker haben sich entlang der Umfahrungsstraße angesiedelt. „Wir brauchen die Frequenz." Und wer als kleiner Gewerbetreibender den wirtschaftlichen Anschluss nicht verpassen wollte, hat eben auch in einer dieser bis dahin leeren Blechhallen, mit der großen Zahl an Autoabstellplätzen davor, eine Fläche gemietet, um dort seine Semmeln zu verkaufen. Selbst das geht sich wirtschaftlich aus, neben dem Supermarkt. Denn die „Alte

Bäckerei", wie sie sich vorsorglich nennt, erzählt uns zu den Semmeln ja auch noch eine kleine Geschichte dazu.

So entsteht neben den Leitplanken der Bundesstraße, nur mit dem Auto erreichbar, in seiner Funktionalität das gleiche Dorf, das es einst ein paar hundert Meter weiter gegeben hat. Mit dem Unterschied: Das neue Dorf ist viel hässlicher und verschlingt unverhältnismäßig mehr Ressourcen. Und zwar nicht nur durch die unmittelbar gebrauchte Fläche: mit einer Abfahrt von der Umfahrungsstraße inklusive Untertunnelung, um auf die andere Fahrbahnseite zu kommen („Bei uns sparen Sie sich sogar das Abbiegen!"), mit eingeschossigen, aber hohen Hallen, wie es sie in der Region aus gutem Grund bisher nicht gab, mit Autoabstellplätzen, so zahlreich, dass alle Dorfbewohner gleichzeitig von einem Supermarkt zum anderen ziehen könnten.

Wenn es doch nicht wie erwartet funktioniert, sind die *ge*brauchten Flächen tatsächlich *ver*braucht. Denn wo schon einmal etwas Hässliches steht, ist Widerstand nicht zu erwarten, wenn das eine durch etwas anderes (eine Autowaschanlage etwa durch einen Supermarkt) ersetzt wird. Solche Bauten *ver*brauchen also ihren Platz – und das weit über die Fläche hinaus, auf der all das Beschriebene errichtet ist. Kilometerweit ist dieses Umfahrungsstraßen-Bebauungschaos zu sehen, die Unstrukturiertheit dieser Bebauung charakterisiert von da an das ganze Tal. Von überall aus ist diese sich entlang der Umfahrungsstraße schlängelnde Scheußlichkeit zu sehen – und falls die Sicht darauf doch einmal nicht die beste sein sollte, wird mit einem bunten Wald hoher Fahnen nachgeholfen, wie sie einst die ersten Großmärkte am Stadtrand erfunden haben (und wie sie heute vor den schönsten Fassaden innerstädtischer Museen zu finden sind, originellerweise ganz ironiefrei).

Um das neue Dorf, das Postumfahrungsstraßendorf, komplett zu machen, fehlt nur noch die Gästeunterkunft, vorzugsweise ein Motel. Da braucht es wohl nicht mehr lang, bis Betreiber oder Gäste wieder nach mehr Ruhe rufen. Und dann ist es Zeit für die nächste Generation einer Umfahrungsstraße – der leere alte Dorfkern stünde ja noch zur Verfügung ...

Ein wenig schlechtes Gewissen kommt bei jenen, die in der Region Verantwortung für diese Entwicklung tragen, aber offenbar doch auf: Denn an den Umfahrungsstraßen mehren sich die Hinweisschilder zu den historischen Orten, also zu den *schönen Seiten*, die die Region zu bieten hätte – und an denen wir so gern mit großer Nachdrücklichkeit vorbeigeschleust werden.[43] In größter Tristesse steht im Fahnenwald eine ganze Wand voll Schilder, die in ihrer Aufmachung ganz der Anmutung folgen, wie auch auf die nächste Bundesstraßenkreuzung aufmerksam gemacht wird. Dadurch nimmt sich selbst die „barocke Kirche" so künstlich aus wie die Umgebung, aus der darauf verwiesen wird. Und die Betreiber des landläufigen Museums zerbrechen sich noch immer den Kopf, wie denn aus ihrem Haus endlich das auf der Umfahrungsstraße angekündigte Erlebnismuseum wird, in dem es doch seit Jahrzehnten einfach nur Dinge zu betrachten gibt.

In der entstellten Umgebung der Umfahrungsstraße braucht es den nachdrücklichen Hinweis auf die Welt außerhalb, weil wir weder damit rechnen, dass es dort schöne Gebäude oder Aussichtspunkte gibt, noch sehen würden, dass der Bildstock bemerkenswert, die Eiche tausend Jahre alt oder das Wohnhaus vom berühmten Heimatdichter bewohnt worden ist. Das Besondere an der Region wäre allerdings, dass diese schönen Dinge selbstverständlicher Bestandteil der Umgebung sind. Mit der Vermarktung, die – nicht zuletzt – im marktschreierischen Hinweis zum Ausdruck kommt, werden sie zu einer Besonderheit gemacht, mit der nicht mehr in bisheriger Selbstverständlichkeit und Natürlichkeit umgegangen werden kann.

Ersatz 3: Niemandsland

Wie wir anhand der Umfahrungsstraßen bereits festgestellt haben, vollzieht sich dort gegenwärtig ein Vorgang, der einst zur Herausbildung verdichteter Bebauung geführt hat: zum Dorf (das einst eigentlich nichts anderes als einen Kern hatte – und dessen Definition wir erst so recht im Postumfahrungsstraßenzeitalter brauchen; als begriffliche Abgrenzung zum viel größeren Rest). Entlang der frequentierten Straßen (früher der geschotterten zentralen Dorfstraße, heute der Umfahrungsstraße) siedeln sich Unternehmen an, die diese Frequenz nur dort vermeinen zu finden, und solche, die nichts anderes als irgendeine Anbindung an ein höherrangiges Verkehrsnetz brauchen.

Auf höchstem Niveau (was den Rang des Verkehrsweges betrifft) und auf unterster Stufe (was die ästhetische Anmutung betrifft) geschieht das mittlerweile in großem Umfang entlang der Autobahnen – und zwar nicht nur dort, wo sie an einem Zentrum, einer Landes- oder Bezirkshauptstadt vorbeiführen, sondern an jeder Stelle. Die Autobahn gilt, seit sie zunehmend mit immer umfangreicheren Auf- und Abfahrtsrampen eingerahmt werden, mit Parkplatzflächen (die früheren kleinen Parkbuchten sind einfach stillgelegt, aber nicht rückgebaut), mit Kettenanlegestellen, Lkw-Kontroll-Buchten und vielem mehr, zu Recht als hässlicher Einschnitt durch oft schöne Landschaften. Bauernhöfe, die wegen Errichtung eines Gewerbegebiets noch nicht der Abrissbirne zum Opfer gefallen sind, dienen einzig als überdimensionale Werbefläche.

Die Logik vieler Kommunen ist allerdings nicht die, solche Einschnitte einzudämmen – im Gegenteil: Wo es hässlich ist, kann es ruhig noch hässlicher werden, und daher wird rundherum erlaubt, was man sich bei allem „wirtschaftlichen Zwang der Umstände" sonst nirgends erlauben würde. Es ist wie ein Schnitt durch die Landschaft, vom dem eine Geschwulst ausgeht, die tief Raum greift.

Auf billigem Grund finden die Firmen viel Platz – und zeigen uns von weitem ihren Unternehmenszweck, auch wenn wir ihn gar nicht so genau wissen müssen. Da stehen Kräne und Bagger (die die meisten Vorbeifahrenden gar nicht so oft brauchen) und nehmen sich auf die Schaufel, um über die Lärmschutzwand zu ragen. Und weil die potenziellen Kunden so schnell vorbeiziehen, ist alles besonders groß gestaltet, damit es bis weit in die Landschaft hinein sichtbar ist: rote Sessel so groß wie kein anderes Haus in der Gemeinde, Bierdosen in Sattelschlepperformat und sich hingebende Frauen als Neonröhren-Silhouetten – selbst hier gibt es einen Branchenmix. Das große Möbellager mit den drei „X" darauf, an dem unser Klaus S. eingangs vorbeigefahren ist, nimmt sich da fast zurückhaltend aus, auch wenn es mir nicht weiterhilft, in großer Beschriftung zu erfahren, dass es sich um das Zentrallager der Firma handelt – und nicht um irgendein anderes. Die Lagerhaustürme mit herkömmlichen (wenn auch überdimensionalen) Werbeaufschriften scheinen da aus längst vergangenen Zeiten zu stammen.

Die Logik einer solchen Entwicklung entspricht derselben Motivationslage wie vor hunderten Jahren: Entlang eines Weges, den viele nehmen, siedelten sich Kaufleute und Wirtshäuser an. Das sind mittlerweile meist die Shopping-Malls und Fußgängerzonen im Kern des Siedlungsgebiets. Heute findet das Gleiche entlang der Autobahnen statt. Entlang der Westautobahn beispielsweise finden wir alles: vom Spielwaren-Großkaufhaus bis zum Puff, vom

Möbelhaus bis zum Restaurant. Es entsteht gleichsam eine Mariahilfer Straße mit ungleich größerem Raumverschleiß. Quer durch das Land wuchert ein breites Band von Unstrukturiertheit, das entlang der Hauptverbindungsrouten durch das ganze Land wächst: großer devastierter Raum und verlorene Landschaft, die uns aber aufgrund ihrer Positionierung entlang solcher Strecken in unserer visuellen Wahrnehmung besonders prägt.

Ersatz 4: Lärmschutzwände

Die Lärmschutzwände könnten die dankbare Aufgabe übernehmen, uns vor diesem Blick in die devastierte Landschaft zu schützen – und umgekehrt, lärmgeplagte Anrainer zu beruhigen. Beides erfüllen sie allerdings nicht. Im Gegenteil, ihr künstlerischer Anspruch kränkt uns noch mehr.

Wie kann man auf die Idee kommen, die Abwechslung von längs- und quergerillten Holzzäunen im Baumarktdesign und gewellten Blechverschlägen, gelegentlich durch grelle Farbabschnitte „aufgelockert", als Gestaltung eines Bauwerks zu betrachten? Besonders originell: Phototapeten mit Äpfeln und Birnen (in einiger Beliebigkeit zwischendurch eingebaut) weisen uns darauf hin, dass hinter der Wand das Mostviertel liegt. Wer das nicht kapiert, dem wird das ein Stück weiter in großen Lettern an die Wand geschrieben.

Das ließe sich noch hinnehmen, wenn man durch die Hässlichkeit in die Schönheit eilt und diese Naivität an einem vorbeizieht. Von der anderen Seite aber ist der Blick nachhaltiger zerstört. Aus der Umgebung betrachtet sind die Lärmschutzwandungetüme entlang der Schnitte, die die Autobahnen ohnedies durch die Landschaft ziehen, gleichsam das in die Wunde gestreute Salz: Von Weitem schon ist die deutliche Verunstaltung durch die kindisch bunten Mauern sichtbar. Offenbar wird aber nicht einmal der Kernzweck dieser Bauwerke erreicht: Entlang mancher Strecken klagen die Anrainer, dass die Lärmbelästigung größer ist als zuvor[44] – mancher möchte lieber über die Gleise hinweg von seinem Grundstück in die Landschaft schauen.

Wie man Verkehrsinfrastruktur elegant in der Landschaft verschwinden lassen kann, zeigt beispielsweise die Welser Westspange – eine Verbindung zwischen West- und Innkreisautobahn in Oberösterreich. Mit erheblich höheren Baukosten ist dort durch begrünte Wälle und Überbauungen, also echten Einhausungen der Straße, die Natur an die Autobahn heran- und teils darüber hinweggezogen worden, sodass der Eingriff von außen nicht so gravierend erscheint wie an vielen anderen Strecken älteren Datums.

Nachdem das halbe Land aber nun schon mit der scheußlichen Variante der Wände durchschnitten ist, übrigens für bis zu 1.000 Euro pro Meter, erkennt der staatliche Autobahnbetreiber Asfinag, dass all die Bauwerke wie Brücken, Parkplätze und vor allem diese Wände die Landschaft nachhaltig prägen. Ein Gestaltungsbeirat soll daher künftig die Errichtung dieser Bauwerke begleiten. Drei Prozent des Baubudgets steht dafür zur Verfügung, heißt es.

Mit dieser Agglomerationen der Hässlichkeit entlang der Umfahrungsstraßen und Autobahnen verschwindet zunehmend der Charakter des Landes (als Gegensatz zur Stadt). Noch haben wir eine Vorstellung, ein geistiges Bild von „Stadt" und „Land" in uns gespeichert; Bilder von dichter Verbauung und mehrstöckigen Häusern, Fußgängerzonen und stark befahrenen Durchzugsstraßen tauchen in unserem Kopf bei „Stadt" auf; das allein stehende Bauernhaus und der Dorfplatz (allenfalls mit Kirche), das weite Feld mit einem Traktor am Horizont und die (meist älteren) in der Landschaft verwurzelten Menschen bei „Land". Und doch bewegen wir uns einen großen Teil unserer Zeit in ganz anderen Landschaften, zu denen wir kein Bild im Kopf haben, nicht einmal einen geläufigen Namen.

Ersatz 5: Hybridräume

Zur vorletzten Jahrhundertwende noch hatte das Land einen klar zugeordneten und dominierenden Wirtschaftszweig: die Landwirtschaft. In diesem Sektor waren mehr als drei Viertel der Bevölkerung beschäftigt. Heute, nur etwa hundert Jahre später, arbeiten dort gerade noch vier Prozent. Und was die Produktivität dieses Sektors betrifft, könnte die Gesellschaft mit noch weniger auskommen, ohne an Produkten aus diesem Bereich Mangel zu leiden. Diese rasche Veränderung – davor war die Landwirtschaft trotz allen Wandels in Technologie und Besitzverhältnissen jahrhundertelang dominanter Wirtschaftszweig – hat das *Land* nachhaltig verändert. Wie, das hat sich erst in den letzten Jahren gezeigt.

Aufgrund der Veränderungen ihrer beruflichen Beschäftigung hat die Landbevölkerung mit der sie umgebenden Landschaft immer weniger zu tun. Zwar haben einst auch die vielen in der Landwirtschaft beschäftigten Menschen diese Landschaft nicht unter dem Gesichtspunkt der Schönheit, sondern immer nur unter dem der Nützlichkeit betrachtet. Aber die Nützlichkeit war eine, die im weitesten Sinn etwas mit Natur zu tun hatte – und diese stimmt nach wie vor mit unserem immer noch verinnerlichten Bild vom Land überein.

Unsere gespeicherte *Erzählung vom Land* ist zumeist eine idealisierte Vorstellung des Städters von wildromantischen Zuständen. Die Behausung sei dort Schutz, mag man meinen, und gern möchte man abends, ehe die Feuerstelle entzündet wird, die nicht vorhandenen Fensterläden schließen, um Sturm und wilde Tiere, Fremde und anderes Ungemach abzuhalten. Diese Vorstellung von Gemütlichkeit ist dem Landbewohner fremd, weil es all die Bedrohungen (die in der idealisierten Vorstellung vom Land ersehnt werden) natürlich nicht mehr gibt; genauso wie es mangels Land den Landbewohner nicht mehr gibt.

Das Häusl ist längst schon im Häusl, die moderne Schneeräumung lässt die Mühen des Winters in der Erinnerung verblassen, die Diskontmarkt-Meile macht unabhängig von jedem zentralen Ort, den die Region einst als Bezugspunkt hatte, und wenn man doch einmal dorthin will, führt der Überkopfwegweiser auf die Umfahrungsstraße, die Geschwindigkeiten jenseits derer auf der Autobahn zulässt (da kommt dann – ganz anders – ein wenig die unberechenbare und ungezähmte Wildheit des ländlichen Abenteuerraums zurück).

„Wir brauchen das auch", sagen die zuständigen Kommunalpolitiker – und meinen damit, nicht anders leben zu wollen als die Menschen in der Stadt. Und sie richten es auch so ein, was ungleich mehr Ressourcen, vor allem an Grund und Boden, verschlingt, als es das räumliche Gefüge erlauben würde. „Das Land stirbt aus", ist noch öfter von den gleichen Kommunalpolitikern zu hören (und auch von jenen darüber, die meinen, ihre Partei vertritt die am Land allein gelassenen, letzten „wirklichen" Landbewohner). Dieses Argument vom Aussterben, ein Totschlagargument im engeren Sinne, bereitet den Boden für Infrastrukturmaßnahmen aller Art, mit denen der ländliche Raum überzogen wird – und für die bestehende Überversorgung, die nicht mehr abgebaut werden soll. Bis zum nächsten Bezirksgericht dauert es in Wien, trotz kürzerer Strecke, mit dem Auto für viele doppelt so lange wie am Land. Trotzdem wird dort mit Bürgernähe gegen die Schließung von Halbtagsgerichten argumentiert. Wer hat eigentlich gerne seinen Stamm-Richter? Mit der EU finden sich diese Umfahrungsstraßenpolitiker in guter Gesellschaft: Sie fördert den Infrastrukturausbau im ländlichen Raum, damit dort – wie es so schön heißt – Flurbereinigung stattfinden kann.

Was entsteht dadurch? Hybridräume, die weder Stadt noch Land sind: wo landwirtschaftliche Flächen, umgeben von Parkplätzen und Bürokomplexen, zu Agrarinseln werden, wo Lagerhallen auf Einfamilienhäuser treffen. Das alles ist natürlich auch natürlich gewachsen – und bringt (nicht etwa, weil wir das wollen – denn welcher Politiker oder in der Öffentlichkeit stehende Meinungsbildner hätte uns diesen Vorschlag je gemacht?) ein neues Landschaftsphänomen: die völlige Aufhebung von Stadt und Land und die Entstehung einer neuen Siedlungsform, den *Rurbanismus*.[45]

Bald müssen wir riesige Regionen als zusammenhängendes Siedlungsgebiet betrachten. Die einzelnen Orte als untergeordnete Zentren, zwischen denen wir „übers Land fahren“, sind nicht mehr auszumachen: Ganze Täler, Becken und bisherige Zentralräume werden zu einer „losangelisierten“ Stadt, in denen das Auge und der Mensch nicht mehr zur Ruhe kommen. Die Landschaft wird ein ununterscheidbarer Brei. Doch brauchen wir in unserem Leben so oft *Tapetenwechsel*, also eine unterscheidbar andere Umgebung. Wir wollen (wenn auch in unterschiedlicher Dosierung) den Wechsel zwischen Großstadtdschungel, dörflicher Beschaulichkeit und wilder Natur, wie wir den Wechsel der Jahreszeiten lieben. Auch wenn uns viele Medien suggerieren, nur sommerliches Sonnenwetter sei schönes Wetter, kann ein aufziehendes Gewitter, eine stürmische Winternacht oder ein nebliger Herbsttag so unterschiedliche Gefühle in uns auslösen wie der Wechsel der Umgebung – so wir ihn noch ausmachen können.

In Europa hat man die Entwicklung zu großen zusammenhängenden Siedlungsräumen schon institutionalisiert – und nennt sie *Makroregionen*. So etwas gibt es für die „Nordsee", die „Donau" und den „Alpenraum". Sie sind mit dem Begriff Nachhaltigkeit verbrämt, laufen aber eher auf Großevents hinaus, die die Regionen nur mit noch mehr Infrastruktur zupflastern, wie wir das zuvor schon dargestellt haben.

Schauen wir uns einen dieser Räume näher an, der für das Selbstbild Österreichs immer von großer Bedeutung war und – nach wie vor – ist: die Alpen. Vor allem durch die Ikonographie der Wintertourismuswerbung hat sich in uns ein idyllisches Bild einer Landschaft festgesetzt, an das wir (wie an das Land, siehe oben) zwar noch glauben, das es aber nicht mehr gibt.

Verlust 3: Alpen

Die Flurnamen Schönbühl, Schönbichl, Schönau, Schönberg, Schönried oder Schöngrund haben ausgedient – dort ist nichts mehr schön. Noch mehr ausgedient haben die „montes horribiles", die schrecklichen Berge, die den Menschen in ihrer schroffen Unzugänglichkeit einst Gefahr und Bedrohung waren. Mit der industriellen Revolution sind Gefahr und Bedrohung immer mehr in den Griff bekommen worden – und die Maler der Romantik sehen die Alpen schon fast ausschließlich als schöne Landschaft; das Wilde ist gerade noch wildromantisch. Alexander von Humboldt schreibt im Jahr 1797, angetan von der Romantik der Berge im Salzkammergut, dass er in der Schweiz „keine solchen Naturszenen kenne als diese oberösterreichischen".[46] Aber gleichzeitig stößt die zunehmende Erschließung der Alpen für den Fremdenverkehr auch schon auf einen ersten Kritiker. Der Philosoph Georg Friedrich Wilhelm Hegel beklagt sich im Jahr 1796 in seinem *Tagebuch einer Reise durch die Berner Oberalpen* über die ausgeprägte Geschäftstüchtigkeit der Alpenbewohner mit den Fremden. Eine Entwicklung, die in den Ostalpen nicht anders verlaufen ist.

Mittlerweile drückt sich der Unmut allerdings anders aus. „Unsere Berge brauchen keine Geschmacksverstärker" stand auf einem Transparent, das ein kritischer Extrembergsteiger[47] unter einer weiteren Aussichtsterrasse, die in den Alpen, hoch auf einem Berggipfel (in diesem Fall nahe dem der Zugspitze) gerade eröffnet wurde. Ein Satz, der dem Großteil der Tourismus-Betreiber unverständlich zu sein scheint: Denn „der Trend zur Größe hält in den Wintersportgebieten an. Davon gehen die Herren (sic) der Liftgesellschaften aus. In einem Zeitfenster von 2013 bis 2016 soll die Liftbrücke von Arlberg-West nach Arlberg-Ost realisiert werden. Das fehlende Verbindungsstück wird mit Shuttlebussen überbrückt."[48] Das ist in einem Buch zu lesen, das sich mit der Schönheit der Region befasst, das aber nur noch eine ganz schmale Perspektive, einen außerordentlich verengten Blick wählen darf, um sich nicht selbst zu widersprechen. Eine Landschaft ist wie eine chemische Lösung irgendwann einmal gesättigt. Jedenfalls was ihre äußere Erscheinung betrifft – kommerziell noch lange nicht, denn so ist wohl die Aussage des Bergbahnenvertreters zu verstehen: „Dann spielen wir weiterhin in der obersten Liga".

Ruhe (und somit das kommerzielle Nichts) darf offenbar kein Angebot mehr sein. Weil sie sich aber dennoch so viele Menschen wünschen, redet die Tourismuspolitik und die Tourismuswirtschaft sich selbst und ihren potenziellen Kunden ein, die Ruhe (der Abstand und die Gegenwelt vom Alltag in den Tälern) muss inszeniert werden. Nur durch die Umwidmung der alpinen Wildnis in einen großen Funpark scheint die Existenz der Menschen in vielen Regionen sicher zu sein. Kurzfristig mag das stimmen. Denn die Menschen suchen dem Zukunftsforscher Peter Wippermann zufolge nicht Entspannung, sondern „Hochleistungsentspannung".[49] Und dazu braucht es einen Coach, der einem das Handyabschalten als Anti-Burn-out-Training und das Schlafen mit dem nötigen Ruhe-Know-how verkauft. Viele Menschen sind also bereit, für viel Geld *nichts* zu bekommen. Und so sieht unsere alpine Umgebung mittlerweile auch aus. Es soll niemand übrig bleiben, der nichts für nichts ausgeben will.

Schon vor vielen Jahren waren die Alpenregionen natürlich nur noch in kleinsten Teilen wirklich Naturlandschaft. Das Meiste war gleichsam kultiviert: durch einen Hochspannungsmastenwald, der manch schönen Bergrücken gegen den Horizont hin abgeschlossen hat; durch Lawinenverbauungszäune, die mangels echtem Wald ganze Hänge bis auf 3.000 Meter hinaufbedecken; durch Schiliftstützen, die uns besonders im Sommer aufgefallen sind und gestört haben.

In den letzten Jahren hat das abgenommen. Aber nicht etwa, weil der Wanderer im Sommer der für den Wintertourismus in die Landschaft gesetzten Infrastruktur nicht mehr ausgesetzt ist, sondern weil diese Infrastruktur – noch mehr ausgebaut – jetzt auch im Sommer Geld einspielen muss. Dazu braucht es immer größer werdende Attraktionen.

„Macht, was Ihr wollt" lautet das Motto am Dachstein; so heißt es wörtlich auf einer Homepage zur Bewerbung des Berges, der die Bundesländer Steiermark und Oberösterreich trennt. Als Motto haben sich das allerdings hier (wie in so vielen anderen Regionen) auch die Tourismusbetreiber genommen. Auf 2.700 Meter Höhe ragt ein Stahlbeton-Ungetüm über den Abgrund und bietet auf der 250 Meter senkrecht abfallenden Felswand ohne Zweifel eine spektakuläre Aussicht: auch für alle Halbschuhtouristen geeignet – man erreicht das Ziel via Seilbahn. Und die kindliche Lust, an dieser Stelle wieder einen Superlativ geschaffen zu haben, wird auch gleich befriedigt: „Dieser ‚Balkon der Alpen' ist deutlich höher als die Plattformen bei den Niagarafällen oder den Iguazu-Wasserfällen in Brasilien."

Die alpine Unterhaltungsindustrie muss ständig neue, weiter greifende Highlights bereitstellen, um den nach dem atemberaubenden Ausblick vielleicht nachlassenden Erregungszustand aufrechtzuerhalten. Manchmal gelingt das auch mit vordergründig ganz pädagogischen Ansätzen. Am Eingang zu einer Eis-Erlebniswelt am Dachstein wird den Besuchern (laut Werbetext) die Sensibilität der Gletscher-Ökologie und die Entstehung des ewigen Eises derart „einfach und verständlich" nähergebracht, dass die rücksichtslose Zerstörung wenige Schritte weiter nicht mehr auffällt.

Daher lassen sich in knapp 3.000 Meter Seehöhe jetzt auch Formel-1-Rennautos bestaunen. Ganz aus Eis: „Für die Färbungen am Auto wurden aus Rücksicht auf das natürliche Umfeld keine künstlichen Farbstoffe, sondern ausschließlich Naturfarben verwendet" – immerhin. Dazwischen ist es möglich, einen Blick in eine – wie ausdrücklich darauf hingewiesen wird – „echte" Gletscherspalte zu werfen, was ganz „ungefährlich" sei.

Skywalks, wie diese Bauten genannt werden, überspannen immer mehr Täler und Abgründe der Alpen, nicht nur in Österreich. Ein Raiffeisen-Skywalk überspannt etwa ein bis zuletzt wildromantisches Tal im Schweizer Kanton Schwyz. Er ist deshalb bemerkenswert, weil die Errichter es dort mit ihrer sinnlosen Jagd nach einem Superlativ sogar ins *Guinness-Buch der Rekorde* geschafft haben. Eine 374 Meter lange Stahlkonstruktion wird als kühne Ingenieursleistung angepriesen und durchschneidet die Landschaft. Sie zu begehen ist so sicher wie der Blick in die echte Dachsteingletscherspalte, denn „die Lauffläche besteht aus Gitterrosten, welche selbst bei Regen und Schnee sicher begehbar sind und auch eine Schneeräumung ermöglichen".[50]

Da es die mit dem Raiffeisen-Skywalk verwandte Ludwig-Scharinger-Brücke, die wir zuvor kennengelernt haben, nicht zu einem Weltrekord schafft, braucht es andere: Die Lienzer Bergbahnen betreiben nach eigenen Angaben die längste (und daher natürlich spektakulärste) Sommerrodelbahn. Eine knapp drei Kilometer lange Stahlrohrkonstruktion zieht sich da über die Almen. Auch diese Rummelplatzattraktion ist ganz sicher, weil mit einer „Höchstgeschwindigkeitsregulierung" ausgestattet.

Saalbach-Hinterglemm, das sich mittlerweile gleich „Tal der Spiele" nennt, errichtete den „höchstgelegenen Wipfelwanderweg" und baute dazu eine 200 Meter lange Konstruktionen mit Treppen, Türmen, Brücken und Plattformen. Zwar aus Lärchenholz, aber rot lackiert, damit man sie „Golden-Gate-Brücke der Alpen" nennen kann. Einst war an ihrer Stelle die Wildnis rund um den Ursprung der Saalach, heute hat man von der „Golden Gate" den schönen Blick auf einen Hochseilpark, dessen Parcours unter der Brücke entlangführen.

Im Tiroler Rofangebirge haben die Touristiker einen Kunststoff-Adler mit mehreren Metern Spannweite gebaut. An seinen Stahlkrallen können vier Personen (in diesem Fall nur „Wagemutige", wie es heißt) knapp einen Kilometer, an einem Stahlseil hängend, durch die Bergwelt ins Tal gleiten. Ähnlich wie in der wenig entfernten „Urlaubsarena Serfaus-Fiss", wo man mit dem Fisser-Flitzer den Berg hinunterprescht, mit dem Fisser-Flieger mit 80 Stundenkilometern über die Möseralm fliegt und sich mit dem Skyswing zwölf Meter in die Tiefe stürzt.

Wie nachhaltig geradezu erscheint uns da der in die Jahre gekommene Winter-Ballermann Ischgl. Wenn Peter Maffay hoch in den Bergen beim Samnauner Schneefest seine Lieder abgespult hat, können alle Zelte und Mobilklos immerhin auch wieder abgebaut werden. Und selbst wenn in Sölden „Hannibal" gegeben wird, können die Akteure des Pistenraupenballetts anschließend in den Garagen verschwinden.

Die Kommerzialisierung und die damit einhergehende Verunstaltung der Landschaft mit Infrastruktur hat also auch die letzten, weitgehend freien zusammenhängenden Räume erreicht. Ob sich dagegen mit Aktionen wie die des chinesischen Konzeptkünstlers Ai Weiwei ankämpfen lässt, ist zweifelhaft. Er hat einen Stein aus der chinesischen Provinz Sechuan auf den Dachstein fliegen lassen. Letztlich ist die Aktion Teil der Eventkultur geworden, wie es auch bei den nicht verwirklichten, vermeintlich hochkulturellen Aktionen wie der Vergoldung des Großglockners und der künstlichen Gipfelerhöhung passiert wäre.

Wir haben mittlerweile über die lange Zeit bedrohlichen „montes horribiles" die totale Dominanz. Mit Bauten aller Art erreichen wir gefährlichste Stellen ohne Mühe und Anstrengung und verwandeln diese Region in Sportgerät, Diskothek und Flaniermeile. Mit der Zerstörung der Harmonie dieser Landschaften wird sie hässlich. Wer von der „längsten" Fußgängerhängebrücke und von der „höchsten" Aussichtsplattform wieder nur auf Panoramarestaurants und Funparks blicken kann, wird die angepriesene Perspektive nicht mehr als so einzigartig empfinden. Selbst als Kulisse dienen die Alpen also nicht mehr – zu groß und weitgreifend sind die Eingriffe.

Weil auch die höchstgelegenen und nur noch aus Sprech-Tradition sogenannten Hütten mit ihren automatischen Schiebetüren am Eingang mehr das Flair einer Autobahnraststätte vermitteln als die Abgeschiedenheit der Bergwelt, müssen Inseln der Ruhe künstlich hergestellt werden – und bieten dann wahrscheinlich die gesuchte Hochleistungsentspannung. Die Hütte in der abgeschiedenen Bergwelt gilt uns als Inbegriff für Ruhe, Behaglichkeit, Lebensqualität und Schönheit. Sie steht wie die Palme am Strand auch ikonographisch als Symbol für diese Begriffe. Wo sie als Geschäftsmodell entdeckt wird, wo künstliche Dörfer in der Abgeschiedenheit der Bergwelt errichtet werden, wird nicht nur die Abgeschiedenheit, die man alleine (allenfalls mit Familie und Freunden) genießen will, konterkariert. Dem Ort wird auch das spezifische Wesen der Abgeschiedenheit genommen.

Die Idee, in immer weiter abgelegenen und höheren Regionen ganze Dörfer in bis dahin unberührter Bergwelt zu errichten, greift auch unter österreichischen Immobilieninvestoren Platz. Waren es in den 70er Jahren noch Häuser am Rande des Ortskerns, die wie vom Künstler Erwin Wurm aufgeblasene Almhütten im XXL-Format ausgesehen haben, werden jetzt sogenannte „Almhüttendörfer" mit der vermeintlichen Gemütlichkeit echter Atmosphäre in die Landschaft gestellt: etwa das Hüttendorf Feuerkogel in Oberösterreich, das mit 13 Häusern, „mitten im Wandergebiet", wie es beworben wird, vorerst einmal 150 Menschen Platz bietet. Wer es luxuriöser haben will, etwa mit „modernster Infrarotsauna" in der Almhütte, findet ein Almhüttendorf in Salzburg – wie es angepriesen wird – auf Vier-Sterne-Niveau. Eine gewisse Affinität zur Atmosphäre, wie sie das in Südchina nachgebaute Hallstatt verströmt, muss man allerdings mitbringen.

In all diesen Alpen-Investoren steckt der archaische Bauer. Bis in die Nachkriegszeit hat es ländliche Bereiche gegeben, wo Tourismus nicht stattgefunden hat. Und als die ersten Fremden kamen, um die Exotik der Bergwelt und die nicht minder exotisch anmutende Abgeschiedenheit des dörflichen Lebens zu sehen, haben sie sich verständnislos gefragt, warum die Besucher sinnlos auf die Berge steigen und solch eine Freude an einer nutzlosen Landschaft haben, die doch völlig unbewirtschaftbar ist. Schön war im Anblick des Landwirts nur die zu bewirtschaftende Almwiese. Dem Fremden allerdings schien gerade die *Nutzlosigkeit* sehr schön zu sein – ganz im Sinne von Théophile Gautier.

Da entdeckte auch der Bauer, dass diese steilen, kahlen und zu weit oben liegenden Hänge ganz schön sind – diesmal aber doch in seinem bäuerlichen Sinne der Nützlichkeit: „Erst wenn jeder Teich, jeder Strauch, jeder Baum eine Einnahmequelle darstellt, ist der Fremde als lebenswichtiger Bestandteil der heimischen Landwirtschaft einverleibt. (...) Leider gibt es noch immer zahlreiche Objekte in unserer Heimat, die nicht mit der modernen Entwicklung Schritt gehalten haben und daher brachliegen", sagt der Präsident des „Österreichischen Fremdenverkehrsindustriellenverbandes" in Helmut Qualtingers Stück *Befremdlich Verkehrtes*.[51]

Man kann mit einer Wohnung einen Menschen

genauso töten wie mit einer Axt.

Heinrich Zille

V

TÄTER UND TATORTE

Wer unsere Umgebung so hässlich werden lässt

Die mittelalterliche Stadt hatte einen ganz festen äußeren Rahmen: eine Mauer, außerhalb derer es nicht ratsam war, sein Haus zu bauen. Jetzt hätte sie einen anderen großen Vorteil, der heute noch an der Bebauungspolitik manch ummauerte toskanischer Stadt zu erkennen ist: Die Zersiedelung bleibt im Rahmen. Aber mittlerweile bilden eben längst rechtliche Vorgaben den Rahmen. Und diese sind, wie wir hierzulande im Ergebnis sehen, weniger effektiv und meist viel dehnbarer als die Stadtmauer.

Vor allem im letzten halben Jahrhundert dehnen wir uns unverhältnismäßig aus. Jeder Österreicher verbraucht mittlerweile 530 Quadratmeter Fläche im Durchschnitt für Siedlungs- und Verkehrszwecke.[52] Das ist fast die Hälfte mehr als im Jahr 1950. Noch stärker angestiegen ist in diesem Zeitraum die Wohnfläche pro Person, und zwar von durchschnittlich 15 auf 40 Quadratmeter. Parallel zu diesem Pro-Kopf-Verbrauch ist auch die absolute Zahl der Einwohner in selber Zeit von unter 7 Millionen auf 8,5 gestiegen. Wenig überraschend erfordert das eine ganze Menge Landschaft, die wir zubetonieren – oder, weil nicht immer Beton im Spiel ist, in der Sprache der Geographen, die wir *versiegeln*. Durch die Errichtung von Siedlungen, Straßen, Industrieanlagen, Gewerbegebieten etc. versiegeln wir in der Sekunde knapp drei Quadratmeter Land; macht am Tag ca. 25 Hektar[53] oder etwa 30 Fußballfelder – oder, um etwas näher an der Art der tatsächlichen Verbauung zu bleiben: Eine Shopping-City-Süd frisst sich täglich in Österreichs Landschaft. Allein an landwirtschaftlicher Fläche sind dadurch in den letzten 20 Jahren mehr als 100.000 Hektar verloren gegangen. Setzten wir den Verbrauch der letzten fünf Jahre linear fort, haben wir binnen der nächsten 400 Jahre Österreichs Anbaugründe komplett versiegelt.

Es wäre schon eine große Beeinträchtigung unserer Umgebung, wenn diese täglich verschwindende Fläche kompakt beieinander liegen würde. Tatsächlich aber durchpflügt dieser irreversible Flächenverbrauch ohne Rahmen und Grenze unsere Landschaft, zerschneidet zusammenhängende Gebiete für Tiere, Pflanzen und menschliche Erholung und zerstört das Landschaftsbild.

Auch in Regionen, deren Bevölkerung gar nicht so rasch wächst, schreitet dieser Prozess in rasender Geschwindigkeit voran. In Niederösterreich etwa, wo die Einwohnerzahl in den letzten 20 Jahren im einstelligen Prozentbereich angestiegen ist, hat sich die Zahl der Einfamilienhäuser verdoppelt. Das Aussuchen des Bauplatzes ist ein Wunschkonzert, denn obwohl es einen Überhang an Baugrund gibt, der nicht verbaut ist, wird jährlich in großem Stile Grünland in

Bauland umgewidmet. Allein in den Jahren von 2007 bis 2011 sind in Österreich jährlich 5.600 Hektar oder in Summe 280 Quadratkilometer umgewidmet worden.[54] Das entspricht 40.000 Fußballfeldern oder der vierfachen Fläche des Salzburger Gemeindegebiets. Das Interesse, auf diese Weise sein Vermögen zu vergrößern, ist bei den Eigentümern solcher umzuwidmenden Liegenschaften nachvollziehbarerweise sehr groß: Jährlich erhöht sich der Wert deren Liegenschaften nur aufgrund dieser geänderten Nutzungsmöglichkeit um 2,7 Milliarden Euro – weitgehend steuerschonend.

Allerdings ließe sich diese Entwicklung auch nicht durch die Einführung entsprechender Steuern umkehren, wie sie gegenwärtig im Zuge so vieler Sparpakete angedacht werden. Und es ist auch Vorsicht geboten, wenn ein solcher Vorschlag, Umwidmungen ordentlich zu besteuern, gleich von den Vertretern der Landwirte kommt, die von solchen Maßnahmen am meisten betroffen wären. Wenn diese ganz nachdrücklich damit einverstanden sind, gleich 20 Prozent der Wertsteigerung als Steuer an die Gemeinde abzuführen, dann ist klar, welchen Plan die Gemeinden als nächstes verfolgen: Nachdem sie bereits alle Diskontketten in ihr jeweiliges Gemeindegebiet geholt haben – und sich diese nun doch nur als Verschandelung und nicht als Goldesel herausstellen, die so viel Abgaben und Gebühren in die Gemeindekassa fließen lassen –, werden sie wohl zur gewerbsmäßigen Umwidmung greifen, um die Schuldenbudgets zu sanieren. Der Umwidmungsboom würde also wohl noch weiter steigen.

Es hat natürlich etwas Bestechendes an sich, die unmittelbare Gestaltung der Umgebung auf kommunaler Ebene anzusiedeln, sei es das Bewilligen von Bauten, die Widmung von Grundstücken oder das Festlegen von Straßen. Allerdings treffen zu viele Interessen in diesem Zusammenhang auf die Gemeinde ein: lokale und überregionale. Mit beidem kann eine Gemeinde meist nur schlecht umgehen. Etwa wenn (ganz lokal) das Feld des Schwagers umzuwidmen ist. Der spielt in der Blasmusikkapelle an der Seite des Baggerbesitzers. Dieser arbeitet für den lokalen, quasi monopolistischen Baumeister, der sich bei der Unterstützung so mancher kommunaler Initiativen großzügig zeigt und immerhin fünf Typen Häuser, die er errichten kann und die dem Ortsbild mittlerweile seinen Charakter verleihen, in seinem Katalog anzubieten hat. Finanziert wird es von der Bank, deren Logo den Dorfplatz beherrscht. Die Beteiligten kennen einander gut und versichern sich und dem Ortsvorstand, eine selbstlose Tat gegen das Landsterben gesetzt zu haben. Im Briefverkehr, der im Gemeindeamt abgelegt wird, liest sich die Motivationslage allerdings oft ein wenig anders: „Um größere Bankprobleme (des Bauherren, Anm.) zu vermeiden, ersuchen wir um positive Erledigung im nächsten Bauausschuss sowie im nächstmöglichen Gemeinderat.“[55]

Da läuft also vieles der Raumordnung zuwider – und ist doch ganz plausibel. Auch wenn es um die Interessen von überregionalen Unternehmen geht, von Immobilienentwicklern, die ihre kommerziellen Bauprojekte verwirklichen wollen, oder von auswärtigen Privaten, die eine schwer zu erlangende *Alleinruhelage* für ihren Zweitwohnsitz finden wollen. Diese auf die Gemeinde einwirkenden Kräfte zeigen, dass die Entscheidung über die räumliche Gestaltung auf dieser untersten kommunalen Ebene weitgehend schädlich sein kann. Denn Gemeinden, die nicht in erster Linie den jährlichen Schönstes-Blumendorf-Contest gewinnen wollen oder ihr Ortsbild nicht kommerziellerweise als Verkaufsargument betrachten, verhalten sich oft zum Nachteil der äußeren Erscheinung ihrer Umgebung. Sie stehen in einer vermeintlichen Konkurrenz um Einwohner, Betriebsansiedelungen, hochrangigen Verkehrsverbindungen und Steuereinnahmen. Kommunalpolitik wird Standortpolitik, Standortpolitik wird Wettbewerb im mengenmäßigen Wachstum, kurz: Politik wird Wirtschaft. Und so erklären uns dann Politiker, das Land müsse regiert werden, wie ein Unternehmen zu führen ist. Die gesellschaftliche Organisation im Lebensraum (sei es Dorf, Provinzstadt oder Metropole) wird damit zum Markenprodukt, das nach einem ordentlichen Branding – wie zuvor dargestellt – verkauft wird. Die Politik schützt und befördert die Täter der Hässlichkeit: Immobilieninvestoren und Häuslbauer.

Häuslbauer

Den Wunsch vom *Eigenheim im Grünen* wollen sich mittlerweile so viele Menschen erfüllen (und können das auch; getrieben in die Arme und Abhängigkeit der Banken), dass sie ihr Ziel nicht mehr erreichen. Die Natur, die man gesucht hat, ist mit den vielen anderen, die gesucht haben, gleich wieder ein Stück weggerückt – und es braucht weitere Infrastruktur, um sie zu erschließen. Etwa die Hälfte aller neu errichteten Wohnbauten sind Ein- oder Zweifamilienhäuser. Sie machen daher mittlerweile drei Viertel der etwas mehr als zwei Millionen Gebäude in Österreich aus.

Die Sehnsucht nach der Grünruhelage in Zentrumsnähe endet daher nach einigen Jahren in einer suburbanen Vorstadtsiedlung – man war eben nicht der einzige, der hierher wollte. Aus Wien ziehen jährlich etwa 30.000 Menschen ins Umland und bilden den sogenannten Speckgürtel, der mit noch umfangreicherer Infrastruktur wieder an die Stadt angebunden werden muss. Auf den dann immer besser ausgebauten Straßen (die in der vormaligen Grünruhelage ihr Einzugsgebiet haben) stauen sich die Ruhesuchenden eine Stunde lang in die City und etwa ebenso lange am Abend wieder zurück.

Das trägt zu noch größeren Monokulturen bei: Räume, die ausschließlich Bürokomplexe umfassen; Räume, die von Autobahnrampen geprägt sind; Räume, die ausschließlich Wohnzwecken dienen – und wo niemand auf den Straßen zu finden ist, weil der Weg von der Garage in die Wohnung nicht bei dem ohnedies verschwundenen Wirtshaus vorbeiführt. Es kann schon sein, dass 500 Quadratmeter Spielwiese das Lebensglück ausmachen. Es kann aber auch sein, dass ein Leben der kurzen Wege, mit dem Lebensmittelgeschäft in Gehweite, dem Restaurant um die Ecke, den Arbeitsplatz in einer Viertelstunde erreichbar, auch sehr viel ausmachen kann – nicht nur, was das soziale Leben betrifft, sondern was die Schönheit einer solchen Umgebung ausmacht. Eine skeptische Kommunalpolitikerin, die den Satz im Munde führt: „Jedes junge Pärchen mit einem Kind glaubt, aufs Land ziehen und sich den Traum vom viel zitierten Häuschen im Grünen erfüllen zu müssen",[56] kann allerdings vorerst nicht auf Verständnis hoffen.

Diese Entwicklung ist längst nicht mehr ein Phänomen des wachsenden Stadtrandes, sondern auch am Rande jedes Dorfes zu beobachten, dessen Bewohner, obwohl sie am Land leben, *Naturnähe* suchen.

Der Speckgürtel war lange Zeit (und ist es zumindest sprachlich noch immer) eine kleine Erweiterung des (groß)städtischen Raums hinaus aufs Land. Im Falle der Stadt Wien mag die Relation noch stimmen. Viele Ortschaften am Land können allerdings den Größenvergleich mit ihrem Gürtel nicht mehr gewinnen – er ist bereits größer geworden als der umschlossene Körper. Der technologische Fortschritt hat in den letzten Jahrzehnten billigste Bauweisen ermöglicht, die großflächig Landschaft verschlingen, ohne dass die Debatte allenfalls über den Aspekt des Naturschutzes im engeren Sinn (mit Themen wie verschwindender Natur und luftbelastende Emissionen) hinausgegangen wäre – weil die Debatte eben immer von der Nützlichkeit all dieser hässlichen Entwicklungen ausgegangen ist und nicht auf die Schönheit unserer Lebensumgebung abstellt. Weil also auch am Land rund um viele Orte *rurbanisierte* Landschaften entstehen, wie wir sie zuvor kennengelernt haben, rücken auch dort die Häuslbauer einen weiteren Schritt aus dem Ortskern hinaus, wieder ein kleines Stück weg von den Parkplatzwüsten und Fahnenwäldern – und zersiedeln und verhütteln die Landschaft damit weiter; rücksichtslos, ohne Blick auf das Ensemble der Umgebung und ohne das Gefühl für Vorhandenes. Unerklärlicherweise wird diese Zerstörung des Raums auch noch öffentlich gefördert.

Nicht jeder Eigenheimbesitzer (wie das so schön heißt) muss sich jetzt angegriffen fühlen. Häuslbauer sein ist natürlich eine Charaktereigenschaft, die nicht jeder Haus-Erbauer haben muss. Und die lässt sich mit dem fertigen Haus auch nicht einfach abstreifen. Man mutiert dann eben zum Heimwerker – und bastelt ganz nach seinen Bedürfnissen an seinem Bauwerk herum, macht aus ihm die ganz persönlich angepasste Bedürfnisanstalt. Die meisten von ihnen haben ganz einfach gemäß dem Ikea-Motto „Mehr Ideen als Platz“.

Heimwerken ist Arbeit als Selbstzweck (schließlich gibt es, wie uns die einschlägige Werbung informiert, immer was zu tun). Kaum einen Heimwerker, mit seiner Sammlung an erotisierenden Werkzeugen in Keller oder Garage, kann eine noch so anstrengende Arbeit unter der Woche davon abhalten, zum Wochenende in seine Werkstatt zu gehen. In Keller oder Garage könnte man das im Sinne der Schönheit ja noch durchgehen lassen. Oft aber ist etwas an Haus oder im Garten zu tun – und das sehen dann alle, die sich in der Umgebung aufhalten. Viele, die abseits ihrer beruflichen Arbeit um der bloßen Arbeit willen arbeiten, also heimwerken (und sich damit eigentlich absolut antikommerziell verhalten), laufen Gefahr, ein endlos weitergebasteltes Stückwerk zu schaffen, das die einst wohldurchdachte Gestaltung (sozusagen „aus einem Guss") verunstaltet, was mit Schönheit, noch weniger mit Schönheit als Leitgedanken, in Einklang gebracht werden kann.

Der steigende Wohlstand zeigt sich in dieser Gruppe der Häuslbauer in beliebiger und gedankenloser Ausschmückung ihrer Häuser, die sich einst ins Ortsbild eingefügt haben. Billige Baustoffe und Zierrat aus dem Baumarkt lassen Häuser in den unterschiedlichen Kulturregionen Österreichs in einen Einheitsbrei aus immer gleichen Kunststofffenstern, Dämmplatten und Edelputzen versinken. Gegenwärtig scheint es Mode zu sein, dass die Besitzer von Häusern aus der Prä-Doppelgarage-Ära sogenannte Carports, überdachte Autoabstellplätze, vor ihre Häuser stellen. Auch hier: Einheitsholz im Einheitslook, wie es zu keinem der Häuser passt, die sie jetzt verstellen.

Bei einem Radausflug am Land bin ich zuletzt bei einem kleinen Bauernhaus vorbeigekommen. Die blau getünchte Fassade war durch die Witterung romantisch verblasst. In den dicken Mauern im Erdgeschoss waren kleine Kastenfenster, der niedrige Stock darüber stimmig in mittlerweile sonnengebranntem Holz ausgeführt. Man würde sagen, ein Postkartenmotiv. Davor allerdings schnitt der Hausbesitzer grellgelbe Fliesen, mit denen er den hohen Betonsockel verkleidete, in dem ein neuer Alu-Gartenzaun aus dem Baumarkt steckte, eine Schmiedeeisenimitation mit Silberkugeln obendrauf. Die wehrhafte Abschreckung sollte offenbar optischer Natur sein.

Zehn Minuten weiter steht eine Villa aus den späten 80er Jahren, bei der der Architekt offenbar zu viel Glas eingesetzt hat, das dem Leben des Hausbesitzers mehr Transparenz verleiht, als ihm lieb ist. Auf der Terrasse, die bis zu meinem Vorbeikommen einen herrlichen Blick in die Bergwelt geboten hatte, stellte er den aus geflochtenen Abfallholzstreifen gefertigten Baumarkt-Blickschutz auf, der wohl nur für einen Komposthaufen gedacht sein konnte. Das kann nur Arbeit um der Arbeit willen sein, die den Täter glücklich macht.

Denn als die Zeit der glücklich machenden Arbeit langsam ihr Ende fand, hat uns Karl Marx völlig zu Recht darauf aufmerksam gemacht, dass wir mittlerweile kaum mehr einen Handgriff tun, der tatsächlich dem, der ihn verrichtet, nützt. Wir lassen uns anschaffen und geben das Produkt unserer Arbeit aus den Händen, den geschaffenen Mehrwert streift der ausbeuterische Fabrikant ein. Die Arbeit befriedigt kein Bedürfnis, das der Arbeiter selbst hat (der Automechaniker beispielsweise, der gar kein eigenes Auto besitzt). Einst hat die Arbeit einmal Spaß gemacht; nicht im heutigen Sinn von Entertainment, sondern in der Form, als sie tatsächlich eigene Bedürfnisse befriedigt hat. Im Schweiße seines Angesichts hat der Mann die Maurerkelle geschwungen (falls schon erfunden) und hat die für den eigenen Gebrauch dienende Hütte errichtet. Das hat im weitesten Sinn Lustgewinn bedeutet, war jedenfalls eine glücklich machende Angelegenheit. Heute stellt sich die bei vielen leider nur noch im Heimwerken ein. Der von der Politik sogenannte „einfache Häuslbauer“, den man sich nimmermüde an der Scheibtruhe vorstellt, ist aber wohl meist Arbeitgeber eines Schwarzarbeitertrupps – auch wenn es laut Statistik heißt, ein Viertel schupft selbst die Ziegel und stemmt die Leitungen.

In seiner tatsächlichen Wirkung, die der Heimwerker auf die in seinem Einflussbereich Lebenden ausübt, steht er dem Arbeiter in der Immobilienbranche um nichts nach. Die Wirkung der Summe aller Eigenheime quer durch die Landschaft darf nicht unterschätzt werden. Rein ökonomisch wird er in seiner Schaffenskraft aber natürlich vom Immobilienentwickler bei Weitem übertroffen.

Immobilienentwickler

Der Immobilienentwickler hat kein Interesse daran, unsere Lebensumgebung zu verschönern, sondern das von den Eigentümern eingesetzte Kapital zu *entwickeln*. Da dürfen wir allerdings nicht allzu streng sein: Auch der Zeitungsverleger, von dem wir immer hoffen, er wolle aufklärerisch wirken und die Welt verbessern, will vor allem sein Geld vermehren. Und wie die Semmel des umtriebigen Großbäckers schmecken, kümmert diesen auch erst dann, wenn die Gewinnmargen nicht mehr stimmen. Aber anders als die Semmel, die auf meinen Frühstückstisch dann eben nicht mehr kommen, und anders als bei der verdummenden Zeitung, der mit einer Bildungsoffensive (zugegeben schon schwieriger) wieder irgendwie beizukommen ist, wirken der Immobilienentwickler, der Immobilieninvestor, der Häuslbauer, der von diesen geknechtete Architekt, das die Vorgaben machende Großhandelsunternehmen, die Kunden der Fastfoodkette und der Diskontmärkte etc. – wirken all diese viel nachhaltiger und prägen unsere Lebensumgebung viel langfristiger und eindrücklicher und hässlicher: für ein Menschenleben, ewig.

Mit einem Gebäude (meist heißt es gleich ein *Projekt* – da hängt mehr dran, leider oft die ganze Landschaft) das Gefühl der Menschen zu verletzen und sie in ihren ästhetischen Empfindungen zu kränken, ist für diese Berufsgruppe nur halb so schlimm, wie weniger Rendite damit zu erwirtschaften als prognostiziert. Diesem Ziel des ordentlichen Ertrags wird daher auch alles untergeordnet: am besten dadurch, den Markt vorsorglich leer zu kaufen.[57] Immobilienunternehmen durchforsten das Grundbuch nach Liegenschaften, um sich vorsorglich am Markt einzudecken (auf diese Unternehmungen passt die dem Volksmund geläufige Bezeichnung „Immobilienhai" wohl am besten). Wie der Einkaufcenter-Errichter, der zuerst einmal ein Center baut und sich dann darum kümmert, es zu bespielen, kauft der Immobilienhändler vorsorglich, um dann zu entwickeln. Im Zweifel bedient eine solche umgekehrte Logik besser die Finanzkapitalinteressen. Und die sind in der Regel sehr kurzfristig, weshalb vor allem das gemacht wird, was für eine sehr beschränkte Periode, die der betreffende Manager zu verantworten hat, meist eine von wenigen Jahren, den meisten Ertrag bringt. Die Immobilienentwickler streuen nur Gerüchte oder steuern Trendberichte, um die Preise ihrer Immobilien zu manipulieren. Der reine Spekulant (wer hätte gedacht, der könnte uns einmal lieber sein?) versucht zumindest, mit Nichtstun Geld zu verdienen, jedenfalls nur mit Kauf und Verkauf und der dazwischenliegenden Spanne. Aber der Entwickler greift leider oft zu unser aller Nachteil in unsere Umgebung ein.

Es ist die *schöpferische Arbeitsteilung* zwischen Errichter, Architekt, Innenausstatter, Haustechnik-Ausrüster und Benutzer, die solche Entwicklungen vorantreibt. Ziel der

Architekten vieler Gebäude, die wir staunend bewundern, war es, die Virtuosität zu erlangen, vom großen Gedanken bis zur kleinsten Ausführung einer Türschnalle oder eines Lichtschalters ein Gesamtkunstwerk zu schaffen, das mit allen Sinnen erfahrbar ist. Otto Wagners Spital-Pavillons am Steinhof in Wien sind ein Beispiel dafür: Dort, wo das Ensemble erhalten ist, möchte man mit den Händen über die Materialien streichen, die Fensterknäufe betätigen und seinen Blick umherstreifen lassen, weil das große Thema in abgewandelter Form in jeder Funktion immer wieder neu zu entdecken ist.

Das bringt aber kein Geld – weshalb aus dem Ensemble Profit geschlagen werden muss; ein Ensemble übrigens, das nicht nur, wie beschrieben, eines *in* einem einzelnen Gebäude ist, sondern in seiner Gesamtheit aus über 60 Jugendstilgebäuden besteht. Zum Kranksein oder Gesundwerden scheint es eine schöne Umgebung nicht zu brauchen – hier müssen Wohnungen, Hotels und Geschäftslokale her. Zwei große Bauträger haben Teile des Geländes gekauft und schreiten an die Umsetzung ihrer Vorhaben, immerhin unter Widerstand von Anrainern und der *Kronen Zeitung*. Hier erschließt sich nicht, warum man Gebäude für Funktionen errichtet, die überall anders genauso zu erfüllen wären. Für Hotels, Wohnungen und Geschäfte braucht es kein Jugendstilensemble, das umfunktioniert werden muss. Hier geht es, deutlich wie in wenigen anderen Fällen, nur ums schnelle Geld.

Was im äußersten Fall dabei herauskommen kann, zeigt die von Adolf Loos 1914 errichtete ehemalige Bankfiliale der Zentralsparkasse an der Wiener Mariahilfer Straße. Sie gilt als Gegenentwurf zu Otto Wagners Postsparkasse. „Das beeindruckende Portal aus schwarzem Granit erscheint sowohl durch Materialwahl als auch deren monumentalen Verarbeitung auf kleinstem Raum wie eine Geldkassette."[58] Geldkassette dürfte auch das Stichwort für ein deutsches Handelsunternehmen gewesen sein, als es dort einen Ein-Euro-Ramschladen namens „Allerlei" aufgemacht hat. Im marmorverkleideten hellen Kassensaal, der über die Decke kunstvoll mit natürlichem Licht erfüllt wird, bekommt man von der Anmutung dieses schönen Raums nichts mehr mit. In gestapelten Kartons und Gebinden werden Scherz- und Geschenkartikel angeboten und vermitteln das Flair eines Warenlagers. Weil auch das an der Wand in Stein gemeißelte Zitat von Adolf Loos („Hier ist dein Geld bei ehrlichen Leuten") verdeckt ist, kann es nicht einmal eine ironische Wirkung entfalten.

Immerhin: Die Betreiber stehen für so viel Kulturlosigkeit gleichsam unter Kuratel. Alle drei Tage inspiziert ein Vertreter des Bundesdenkmalamts die Räumlichkeiten.[59] Und da wissen wir jetzt auch, wie die Rendite an diesem Standort zu erzielen ist: mit Aufsehern über ein Geschäftslokal, die von der Allgemeinheit bezahlt werden.

Wie ist es nun möglich, dass beispielsweise solche Räumlichkeiten, wie wir sie gerade in dem Ein-Euro-Shop kennengelernt haben, derart missbraucht werden? Es liegt daran, dass sie keiner der Verantwortlichen jemals sieht. Viele Entscheidungen über die Nutzung unserer Umgebung werden nicht nach Augenschein, sondern nach einer Excel-Tabelle getroffen. Und das liegt an der Struktur der Eigentümer.

Investoren

Die typischen Eigentümer-Strukturen bei Immobilien entwickeln sich gegenwärtig zweigeteilt: Am Land gehören die zumeist allein stehenden (mittlerweile außerhalb aller Ortskerne zerstreuten) Häuser, wie es im Juristen-Deutsch heißt, „natürlichen Personen", also richtigen Menschen, die durch Erbschaft, Kauf oder eigener Hände Arbeit zu einem Haus gekommen sind, zumeist wird es als Eigenheim verwendet; ein Begriff, der zwar einerseits in der Nähe der Tautologie ist, aber andererseits mittlerweile semantisch doch so aufgeladen ist, dass er viel mehr aussagt. Denn wenn vom Eigenheim am Land die Rede ist, haben wir alle ein ähnliches Bild vor Augen – leider nicht das beste.

Dieser klassischen Eigentümerstruktur (einem Menschen gehört ein Haus; oft sind es Ehepaare, was dann zu Verwicklungen ganz abseits der Schönheitsproblematik führt) steht der neue städtische Eigentümer gegenüber, der (der Gegensatz zur verbliebenen Natur auf dem Land legt es schon nahe) eine unnatürliche Person ist; korrekt: eine „juristische Person" (etwa eine Stiftung, eine GmbH oder eine Aktiengesellschaft). Unabhängig davon, wie die Konstruktion genau aussieht: Wer einen kleinen Spaziergang durch die Stadt unternimmt und sich Baustellen ansieht, wird kaum eine finden, wo ein natürlicher Mensch der „Bauherr" ist – so heißt der Betreiber in der Sprache der Branche, eine geschlechtsneutrale Bezeichnung ist da offenbar nicht erforderlich, und auch nicht eine, die die feudalistische Konnotation dieses Begriffs ein wenig abschwächt.

Das ist schon deshalb nicht notwendig, weil auf der Baustelle in aller Regel der feudalistische Bauherr, Herr über Bauplatz, Material und Arbeiter und vor allem über das Ergebnis in all seinen Details, ohnehin nie zu finden ist. Der kapitalistische Investor kann nur bauen lassen, denn eine einzelne Person, die sich darum annehmen würde, lässt sich nicht ausmachen. Natürlich hat der Eigentümer, je nach Organisationsform, einen Vorstandsvorsitzenden oder Geschäftsführer (Menschen aus Fleisch und Blut) – aber da ist die Errichtung eines Gebäudes, auch eines ganzen Komplexes, nur als Tagesordnungspunkt einer Gremiensitzung zu beschließen. Mit der Durchführung betraut ist dann der zuständige Abteilungsleiter, der im besten Fall mit der Geschäftsführung der beauftragten Baugesellschaft kommuniziert.

Der kapitalistische Investor gleicht in seiner Unpersönlichkeit dem früheren kollektiven Eigentümer im Sozialismus: Das Bauwerk gehört keinem einzelnen. Kreativ-gestalterischer Wille ist allerdings bekanntlich nur durch einen Einzelnen auszuüben, nicht durch ein Kollektiv oder ein Gremium – sei es noch so sehr in der Markt- und nicht in der Planwirtschaft angesiedelt. Natürlich gibt es aber einen wesentlichen Unterschied zwischen den beiden Eigentumsformen: Der kapitalistische Investor schaut darauf, dass das Bauwerk bis zum letzten Cent und Quadratmeter ausgepresst wird, der andere bekanntlich auf gar nichts. Obwohl: Der öffentliche Eigentümer ist in manchen Teilen unserer Lebensumgebung ohne Zweifel doch der bessere. Denn mehr privat bei Bergen, Seen und Wäldern führt zu einer Kommerzialisierung unserer Umgebung, die mit grober Verschandelung einhergeht.

Privatisierer

Viele Menschen haben auf ihren Wanderungen durch die Bergwelt völlig zu Recht das Gefühl, gleichsam durch eine Landschaft zu gehen, die niemandem gehört – oder eben allen gehört, weil sie staatliches Eigentum ist, sei es auch in einer Aktiengesellschaft namens Bundesforste geparkt.

Aber das kann sich schnell ändern: Der Stoderzinken etwa, in der Obersteiermark gelegen und 2.045 Meter hoch, hätte um 1,46 Millionen Euro an eine Wiener Liegenschaftsverwaltung verkauft werden sollen. Das Schigebiet hätte wohl zur Rendite des Kaufpreises beitragen sollen. Über eine noch intensivere Nutzung des Berges (vielleicht eine Gipfel-Aussichtsterasse mit Panoramarestaurant) hat aber nicht nachgedacht werden müssen, weil Proteste dieses Unterfangen vor einigen Jahren doch noch verhindert haben. Ähnlich war es in Osttirol, wo vor Kurzem der 2.690 Meter hohe Große Kinigat und der 2.600 Meter hohe Rosskopf hätten in private Hände gelangen sollen.

Wer so etwas kauft, will sich nicht etwa an der unberührten Schönheit eines in Wolken verhüllten Berggipfels erfreuen. Das Investment muss sich in irgendeiner Form lohnen. Beschwichtigungen, dass der neue private Eigentümer mit dem Berg (oder See oder Wald etc.) nicht verfahren dürfe wie mit einem Grundstück in Siedlungsregionen, gilt so lange, wie dieser Eigentümer nicht seine „an die Enteignung grenzenden" Beschränkungen kritisiert – und lobbyiert, bis er dann doch ein Tourismusprojekt verwirklichen kann. Es soll, wie es dann sicher heißt, wohl nur zum Besten der Region und ihrer Bewohner sein ...

Wenn der Staat die mehr berüchtigt als berühmt gewordene Buwog (die Bundeswohnungsgesellschaft) privatisiert, mag man das noch nachvollziehen können – jedenfalls die Idee. Grund und Boden, die aber – wie im Falle der Berge, Seen und Wälder – für die Allgemeinheit bestimmt sind, zu verscherbeln, das können wir nicht einmal von Pleite-Staaten wie Griechenland verlangen, geschweige es aus vordergründig ideologischen Gründen selbst tun.

Die Erlöse aus dem Verkauf österreichischer Grundstücke hat die Bundesforste zuletzt etwa in die Pacht russischen Landes gesteckt – mit Millionenverlusten. Der Staat verspricht daher mittlerweile durch seine dafür verantwortlichen Funktionsträger, nicht weitere Verkäufe anzustreben. Allerdings soll stattdessen vermehrt verpachtet werden. Tourismusprojekte wie neue Schilifte und Seehotels stehen dabei im Fokus, wie es heißt.

Und daher tut etwa das Land Oberösterreich gut daran, sich im Falle des Verkaufs des Mondsees tatsächlich um den Zuschlag zu bemühen, um damit den See wieder in öffentliche Hand zu bekommen; auch wenn von der gegenwärtigen Eigentümerin keine kapitalistischen Auswüchse berichtet werden. Vielleicht nur, weil sie die Eigentümerschaft über den See nicht in erster Linie aus kommerziellem Blickwinkel betrachtet. Was uns dazu führt, welcher Eigentümer der Schönheit am meisten zuträglich ist: der individuelle, sich nicht kommerziell verhaltende. Und das ist auch ein Diktator, Fürst und Hausherr.

Machthaber sind ja oft unerquicklich, aber die
früheren haben wenigstens Schönheit hinterlassen.

Günther Nenning, Jörg Mauthe

EXKURS

SCHÖNHEIT VON OBEN

Was uns Herrschaftsarchitektur sagt

Wer als Wientourist das vom Reiseführer unter *Vienna in a Day* verordnete Pflichtprogramm Schönbrunn, Staatsoper und Stephansdom absolviert hat und am Donaukanal oder Naschmarkt endlich flanieren will, stößt schon wieder auf die Schönheit aus vordemokratischen Zeiten, an denen der Blick hängen bleibt: Von der Strandbar am Donaukanal blickt man auf die Urania oder bestaunte zuvor auf dem Weg dorthin ein von Otto Wagner detailreich errichtetes Schleusenhaus. Ehe man sich ins Treiben des Naschmarktes stürzen kann, wird man – auch als noch so erschöpfter Wientourist – von Joseph Maria Olbrichs Secession aufgehalten.

Wir bewundern oft, was von Diktatoren, Monarchen, Fürsten und gelegentlich von Hausherren stammt. Die größten Projekte entlang der Ringstraße waren einst keine allzu große Debatte. Es gab zwar Grundstücksspekulationen und eine rege Kritik in der zeitgenössischen Presse – aber es war nun einmal vom Kaiser zuvor dekretiert, dass die Basteien verschwinden und ein prachtvoller Boulevard anzulegen ist. „Es ist mein Wille", so beginnt das *Allerhöchste*

Handschreiben an den mit der Sache beauftragten Innenminister – und damit war die künftige Schönheit dieses Straßenzugs, der heute Weltkulturerbe ist, verordnet.

Für die geänderten politischen Verhältnisse, die solche handstreichartigen Aktionen nicht mehr möglich machen, sind wir zwar dankbar, vermissen aber die Möglichkeit, wenigstens wieder einmal eine kleine Oper irgendwo in diesem Land entstehen zu lassen. Für den an diesem Musikgenre weniger Interessierten könnte sie zumindest ein imposantes Bauwerk sein, das der Stadt ein Stück mehr Urbanität, Bedeutung und Schönheit verleiht.

Weil sich der demokratische Bauherr aber immer für die Rentabilität rechtfertigen muss, sind solch konkrete Unterfangen oft zum Scheitern verurteilt. Zuletzt in Oberösterreichs Landeshauptstadt Linz. Da hat die FPÖ versucht, mit der Verhinderung der schönen Variante des Bauwerks Wählerstimmen zu machen. Parteipolitisch gedacht nicht unklug – es ist gelungen. Die weniger schöne und kolportiert günstigere Variante wird jetzt errichtet: zwischen den Schienen der Westbahnstrecke und einem innerstädtischen Verkehrsknotenpunkt, ein Klotz, der spielend auch als Parkhaus durchgehen kann. Schönheit braucht Unvernunft – und die ist im politischen Diskurs nicht erklärbar.

Vor vordergründiger Sparpolitik zulasten der Schönheit unserer Umgebung ist aber keine Partei gefeit. Bei der anstehenden Sanierung des Parlaments unterbieten sich die Parteien. Wer es noch billiger gibt, wird auf manchen (den

Sparappellierern wichtigen) Zeitungsseiten gelobt. Bis zu den nächsten Wahlen dürfte sich ein Containerdorf als geeignetstes „Hohes Haus" herausstellen.

Ähnlich könnte es dem ORF ergehen, dessen Zentrale am Wiener Küniglberg sich 40 Jahre nach Errichtung als so sanierungsbedürftig herausstellt, dass auch ein Neubau an anderer Stelle in Erwägung gezogen wird. Das kann, was die Schönheit eines solchen Gebäudes betrifft, nur schiefgehen und im permanenten Containerdorf oder in der Wellblechhalle enden – denn an die Architektursprache, die ein solches Gebäude braucht, lässt die gegenwärtige Politik nicht anknüpfen. In den ausgehenden 60er und 70er Jahren, als namhafte Architekten die ORF-Landesstudios und das ORF-Zentrum in Wien errichtet haben, durfte das Erscheinungsbild des Gebäudes den gesellschaftlichen Auftrag des Unternehmens widerspiegeln. Der öffentlich-rechtliche Rundfunk ist als der Öffentlichkeit gehörend empfunden worden (die Parteien haben die Öffentlichkeit schon damals deutlich enger interpretiert, aber das ist eine andere Geschichte) – und dementsprechend konnte er dieselbe in seinem Erscheinungsbild auch repräsentieren.

Heute wird von den meisten Parteien neidgetrieben und reflexartig lautstark darauf hingewiesen, dass man einen „Palazzo Protzo" nicht unterstützen könne.[60] Auch hier gilt: Wer es noch ein bisschen billiger gibt, erhofft sich eine Wählerstimme mehr; nach unten ist keine Grenze gesetzt.

Aber wer protzt damit schon? Ein individueller Generaldirektor, der zufällig gerade im Amt ist, wohl nicht. Ein paar Monate oder Jahre vielleicht – aber dann gibt es Dutzende andere, die diese Institution vertreten oder eine Aufgabe erfüllen, für die es eben auch ein Gebäude gibt. So wie auch die Hofburg nicht für den gerade amtierenden Bundespräsidenten kostspielig in Stand gehalten und saniert wird. Es sind wichtige öffentliche Aufgaben, denen in diesen Häusern nachgekommen wird und die unabhängig der aktuell handelnden Personen gesellschaftlich gewünscht werden.

Gerade das Öffentliche, die res publica im weitesten Sinn, könnte wieder Repräsentation im ganz oberflächlichen, baulichen Sinn brauchen, um ein Gegengewicht zum Kommerz darzustellen. Denn gegenwärtig entstehen nur aus diesem Bereich Prestigebauten. Aber der demokratische Bauherr kann eben nicht einfach sagen: „Die Sache ist gut – und daher soll sie auch eine schöne Hülle kriegen." Da braucht es immer eine Rentabilitätsrechnung – und sei sie noch so unplausibel.

Braune Bauten

„Machthaber sind ja oft unerquicklich, aber die früheren haben wenigstens Schönheit hinterlassen. Die heutigen zerstören sie", schreiben Nenning und Mauthe in ihrem Schönheitsmanifest[61] – und haben damals gleich eine national gefärbte Debatte ausgelöst. Der Missbrauch der Schönheit war noch zu frisch. Wer Festzüge, wie sie von der NS-Gemeinschaft KdF unter dem Motto „Schönheit und Freude" veranstaltet worden sind, noch vor Augen hatte, musste den Begriff der Schönheit weitgehend aus dem öffentlichen Diskurs verschwinden lassen.

Wir begeben uns in all der diktierten Schönheit also auf heikles Terrain, in eine oft mehr schauderhafte als schöne Umgebung – wenn auch nur, was die geschichtlichen Gesamtzusammenhänge betrifft. Gebäude aus jener Zeit verkörpern eben auch die bestialische Ideologie in ihrer *Gesamtheit* und nicht nur die Kunst und Architektur im Dritten Reich als Teil eines Systems, der auch alleine stehen und betrachtet werden könnte.

Der Nationalsozialismus hat uns (gerade uns Österreicher und Deutsche, die wir kollektive Verantwortung für diese Zeit und ihre Aufarbeitung tragen) vieles ausgetrieben, dem wir uns nicht mehr unvoreingenommen nähern können, wie es für die Bevölkerung in anderen Staaten der Fall ist. Einer Umgebung martialischer Anmutung stehen wir befremdet gegenüber, Schönheit in Erscheinungsform von Herrschaft aus der Perspektive des Beherrschten, als Glanz der Macht[62] also, ist uns suspekt. Vor allem, wenn es eine Macht ist, die noch lebende Zeitgenossen selbst miterlebt haben. Erst mit dem Abstand einer Generation können wir uns diesen Bauwerken nähern und uns vordergründiger mit ihrer äußeren Erscheinung befassen. Wie schwer das ist, hat etwa gezeigt, als Linz im Jahr 2009 nicht nur Kulturhauptstadt Europas war, sondern (als Teil des Festivals) „Kulturhauptstadt des Führers".

An Modellen der Stadt hat Hitler bekanntlich noch im Führerbunker bis zuletzt seine Großmachtphantasien ausgelebt. Und die scheinen jetzt noch an den wenigen tatsächlich realisierten Gebäuden zu kleben. Mit ihnen ist nicht leicht umzugehen, auch wenn es nur um architektonische Veränderungen an den Gebäuden geht. Zwei davon, die den zentralen Platz im Zentrum der Stadt zur Donau hin umschließen, sind im Zuge eines Kunstprojekts, bei dem der Verputz abgeschlagen worden ist, und im Zuge der Planungen für einen Glas-Aufbau im Mittelpunkt kontroversieller Auseinandersetzungen gestanden.

Noch schwieriger ist es, wenn die Formensprache, die Hitlers Architekten etabliert haben, an anderer Stelle, bei neu zu errichtenden Gebäuden, aufgegriffen wird. Es ist eine Formensprache, die sich der klassischen Schönheit bedient, wie in der Architektur nach dem Ersten Weltkrieg nur noch der Stalinismus.

Der vordemokratische Fürst und der Diktator etablieren Schönheitsideale abseits kommerzieller Anknüpfungspunkte allein aus dem Selbstverständnis ihrer Macht heraus. Der demokratische Fürst kann hierzulande Monumentalität so gut wie nicht verwirklichen, allenfalls in Komplizenschaft mit dem Kommerz, dem heute Monumentalität zumeist leider ganz überlassen wird.

Kein Fürst der früheren Geschichte, kein Diktator der jüngeren Geschichte hat zuwege gebracht, was heute die Diskontketten schaffen. Sie pressen uns mit ihren vielen immer gleichen Zeichen ihre Kultur in unser Hirn. Unsere Umgebung (und da vor allem die ländliche Landschaft) ist mit diesen Zeichen übersät. Die Landschaft und sogar der Luftraum über dieser Landschaft ist zum Medium geworden, in dem die Zeichen transportiert werden; auf immer höheren, sich ständig überbietenden Masten, die das Zeichen leuchtend durch die Nacht tragen. Heute lassen wir uns diese Indoktrination im Namen der Wirtschaft unkritisch gefallen, wo wir (vor allem bei politischen Zeichen) längst schon „Propaganda!" geschrien hätten. Die Symbole der Diskonter in der Landschaft verankern die Organisationen so tief in unserer Alltagswirklichkeit, wie es kein Diktator schaffen würde.

Zu Symbolen werden aber nicht nur die Firmenlogos der betreffenden Unternehmen, oft sind es die Gebäude selbst. Sie haben den vordringlichen Zweck, Hinweis darauf zu geben (oder besser, laut hinauszuschreien): „Wir sind hier auch präsent, kommen Sie herein!" Sie müssen ein kommerzielles Landmark sein, also aus ihrer Umgebung herausstechen. Und das, obwohl die Gebäude all der großen Ketten weitgehend standardisiert sind: Mit verbundenen Augen an einen beliebigen Kreisverkehr am Ortsrand gebracht, lässt sich beim ersten Blick rundherum kaum mehr feststellen, in welchem Teil Österreichs (oder Mitteleuropas) man sich gerade befindet. Ein riesiger gelber Buchstabe, ein riesiges rotes Möbelstück, ein riesiges blaues Viereck, eine riesige grüne Kugel und noch einige weitere einfache Zeichen und Symbole (meist hoch im Luftraum) geben mit größter Selbstverständlichkeit Auskunft darüber, was wir schon längst wissen – und zwar, was uns in dieser infantilen Architektur an Warenangeboten erwartet.

Die neuen Herrschaftszeichen treten allerdings – und das ist ein wesentlicher Unterschied – gleich gar nicht mit dem Anspruch der Schönheit auf. Nationalsozialismus und Stalinismus (für deren Abwesenheit wir natürlich gerne Hornbach und Hofer in Kauf nehmen) haben sich als letzte Weltanschauungen an klassischen Idealen der Schönheit orientiert[63] – und damit unsere Skepsis gegenüber dem Schönen (nicht nur in der Kunst, sondern ganz allgemein in unserer Lebensumgebung) noch vergrößert. Diese beiden Ideologien (und vor allem natürlich ihre konkrete Umsetzung in Herrschaft) haben die Schönheit für sich nicht nur definiert, was sich vielleicht noch einigermaßen apolitisch machen ließe, sie haben die Schönheit (die sich in Kunst und Kultur manifestiert hat) für ihre Zwecke missbraucht, sodass allem Schönen dieser Epoche ganz automatisch das Blut der dahinterstehenden Idee anhaftet.

Bei einer Straßenbahnhaltestelle am Wiener Opernring wissen allerdings wohl die wenigsten Kunden der Wiener Linien, dass sie sich gerade unter ein 1938 errichtetes Gebäude stellen, das als eines der ersten Gebäude im nationalsozialistischen Österreich gilt. Und es zeigt auch keine Machtdemonstration. Schön ist es trotz seiner Entstehungszeit, ist doch auch eine Straßenbahnhaltestelle bedeutend demokratischer als ein Brückenkopfgebäude, wie es in Linz steht – als Beginn eines geplanten großen, quer durch die „Kulturhauptstadt des Führes“ führenden Prachtboulevards, von dem nicht mehr als die an diese Gebäude anschließende Nibelungenbrücke verwirklicht worden ist.

„Braune Bauten“[64] finden sich in mancher Landeshauptstadt, vor allem im Wohnbau. Sie stehen aber wenig im Fokus der Aufmerksamkeit oder Debatte über Erhalt und Umbau. Schließlich wohnen dort für nicht allzu viel Geld Menschen in besserer Wohnqualität als im zeitgenössischem Sozialwohnbau. Die brauchen mit vordergründig ideologischen Debatten nicht verunsichert zu werden

Ähnlich schwierig ist der Umgang mit den Flaktürmen, von denen drei Paare das Zentrum Wiens vor alliierten Luftangriffen schützen sollten: Abriss oder kommerzieller Ausbau? Auch mit dem wohl milderen, aber von der Nachwelt als unrechtmäßig qualifizierten DDR-Regime wird ähnlich verfahren. Der Palast der Republik (lassen wir die Asbestfrage einmal beiseite) ist sicherheitshalber einmal abgerissen worden, ehe Nostalgiker auf falsche Ideen kommen.

Eine grundsätzliche Erhaltung all dieser Räume und Gebäude in ihrer Substanz muss aber weder die Gefahr einer Huldigung der Ideologie darstellen, während deren Herrschaft sie errichtet worden sind, noch müssen sie zum leeren Mahnmal werden, gleichsam ein überdimensioniertes platzver(sch)wendendes Denkmal.

Die Gebäude zu verwenden und sie mit bewusster Selbstverständlichkeit in neuer Art zu benützen, erhält uns die Möglichkeit, dass sie von einer anderen Zeit erzählen und doch in eine neue überführt werden. Es ist doch der Idealfall, die Geschichte ins eigene Leben zu integrieren – statt sie mit den abgerissenen Bauten zu verdrängen oder im Zuge musealer Mahnung im Grunde in gleicher Weise damit zu verfahren. Greifbarer und *be*greifbarer kann Aufarbeitung kaum sein.

Adolf Hitler und sein Architekt Albert Speer wären uns da bizarrerweise sogar entgegengekommen. Ihnen ist es bei der Schönheit der zu errichtenden Bauten nicht nur darum gegangen, wie sie auf den zeitgenössischen Betrachter wirken, sondern auch auf jenen, der die Bauten erst nach deren Untergang aufsucht, auf eine frühere „Kultur" zurückblickend. Im zu errichtenden Gebäude sollte also schon zu Beginn ein sogenannter Ruinenwert stecken, also ein Wert, der dem Gebäude auch nach seiner ursprünglich geplanten Nutzung weiterhin inne wohnt. Die Schönheit eines Forum Romanum ist den beiden vorgeschwebt. Die Ruinen, die sie hinterließen, sind bekanntlich ganz anderer Natur gewesen.

Dennoch ist der Gedanke, wie ein Gebäude, wie unsere Umgebung altert, nicht zu verwerfen (was mit den Gedanken an die Archäologen der Zukunft am Ende eines Tausendjährigen Reiches natürlich nichts zu tun hat). Es ist die

Frage danach, ob ein Bauwerk, vom geringsten Zaun bis zur mächtigen Hochhausfassade, mit den Jahren, in denen es dem Verlauf der Zeit und der Witterung ausgesetzt ist, eine Patina entwickelt, die schön ist; jedenfalls in unserer Wahrnehmung positiv konnotiert ist. Nicht zuletzt erzählt sie uns damit eine Geschichte. Oder ob dieselbe Zeit und Witterung das Gebäude verbraucht und schäbig aussehen lässt. Ein alter Bauernhof mit brüchiger Putzfassade wirkt anders als ein eternitverkleidetes Einfamilienhaus, bei dem einige Tafeln schief hängen, andere sich gelöst haben und den Blick auf die Dämmwolle freigeben. Ein durch den Schmutz der Stadt geschwärztes Wellblech (womit etwa das große neue Wiener Westbahnhof-Gebäude eingekleidet ist) wirkt anders als eine ebenso in Mitleidenschaft gezogene Marmorverkleidung oder Putzfassade. Ein von allen Mietern verlassenes Einkaufscenter ist ein Schandfleck, ein vom Landwirt verlassener Hof hingegen eine pittoreske Idylle, und selbst ein verfallendes Innenstadthaus ist anziehend für manch Kreative, denen es zur Zwischennutzung großzügig (und oft zur Pflege eines bessern Images des Häuser-Abreißers) überlassen wird. Wir halten den Verfall aber nicht mehr aus. Weil wir ihn bei den neuen Bauwerken gar nicht erst mitdenken, sehen wir auch in den alten nicht die Geschichte, die er uns erzählt.

Im Wiener Volksgarten, zwischen Burgtheater und Hofburg, steht seit Beginn des 19. Jahrhunderts der Theseustempel, für viele Parkbesucher bis zuletzt eine Anlaufstation auf ihrem Weg durch den Park. Touristen haben hier auf ihrem Weg von einer Sehenswürdigkeit zur anderen ihre Beine hochgelagert, Studenten an den dorische Säulen lehnend einen Imbiss eingenommen, Skateboarder im Säulengang um die Cella ihre Runden gedreht. Vor kurzem ist das Gebäude um zwei Millionen Euro restauriert worden – und durfte daraufhin sicherheitshalber nicht mehr benutzt werden.

Der Verfall würde uns aber nicht nur eine Geschichte erzählen. Er bettet uns in den Lauf der Welt ein und macht uns gelegentlich auf unsere Bedeutungslosigkeit aufmerksam. Das kann ganz heilsam sein, wenn wir darunter leiden, ständig unser Prestige erhöhen zu müssen, und einen Büroturm nach dem anderen errichten, um zu zeigen, welchen Status das Unternehmen im globalen Business hat. Ende des 18. Jahrhunderts hat uns als einer der Ersten der erfolglose Architekt und Maler Joseph Gandy in seinem Bild der in Trümmern liegenden Bank of England darauf aufmerksam gemacht. Das war nicht abschreckend, sondern geradezu schön und idyllisch – wie Ruinen ganz grundsätzlich in der Zeit der Romantik als schön erkannt wurden. Im kaiserlichen Schlosspark von Schönbrunn wollte man nicht warten und hat einen Tempel gleich als Ruine errichtet.

Ein wenig ist von diesem Bedürfnis, Vergänglichkeit zu sehen, auch nach Ende der Romantik in uns erhalten geblieben – aber es ist zu gnadenlosem Kitsch verkommen:

etwa durch nachgebildetes abbröckelndes Mauerwerk, im so urig-gemütlichen Irish Pub mit seinen verstaubten Wagenrädern und leeren Whiskyflaschen in den dunkelbraunen Regalen, im noch schlimmeren Fall durch aufgeklebte Ziegeltapeten - in beiden Fällen handelt es sich um die „Vortäuschung nicht vorhandener Gefühle“, um Kitsch.[65]

Schwarze Bauten

Anders als Nationalsozialismus und Stalinismus gestehen wir dem Katholizismus zu, die Architektur für seine Zwecke nur ge- und nicht missbraucht zu haben. Viel unbekümmerter besuchen wir daher staunend Stifte, Kirchen und Kathedralen. Sie sind geradezu „touristifiziert“ worden.[66] Beim meist oberflächlichen Zeitvertreib des Reisens kommt der allergrößte Teil der Menschen so oft wie sonst nie an jene Orte, die eigentlich zur Sinnsuche und Begeg nung mit dem Transzendenten errichtet worden sind. Die Schönheit des Domes welcher Stadt auch immer gilt vielfach als Höhepunkt des kurzen Städtetrips. Für den Tourismus ist *die schöne Kirche* unersetzliches Kapital geworden. Und weil sie sich ihrer Schönheit in der hässlichen Umgebung durchaus bewusst geworden ist, sieht die *Institution* Kirche ihr Gebäude *Kirche* auch als Kapital an und betreibt die Kirche als Sehenswürdigkeit: zugänglich durch das Drehkreuz an der Kasse, zu verlassen durch den Gift-Shop, der uns zum Abschluss noch auf das selige Prinzip des Gebens aufmerksam macht.

Vor allem auf dem Land ist die Kirche mit ihrem meist charakteristischen Turm als Landmark, als von weitem sichtbares Zeichen der Dorfsilhouette, bereits abgelöst. Da überragt sie der Silo, der von der Agrargenossenschaft nicht weit entfernt errichtet worden ist. Er ist meist um ein Drittel höher und – obwohl für das Dorf meist das weithin sichtbarste Zeichen – in seiner Gestaltung ausschließlich auf Funktion bedacht. Das Raiffeisen-Lagerhaus hat längst die optische Vormachtstellung der Kirchengebäude auf dem Land gebrochen. Mit einer Höhe von bis zu 75 Metern entspricht es städtischen Hochhäusern. In Niederösterreich etwa gibt es auf einer Fläche von ca. zwölf mal zwölf Kilometern je ein solches Bauwerk.[67]

Was draußen das Lagerhaus der Kirche antut, verrichtet drinnen die Kirchengemeinde. Selbst die katholische Kirche, die lange Zeit dafür gestanden ist, was als Ideal des jeweils vorherrschenden Stils gegolten hat, hat jedes Gefühl für das Schöne verloren. Während mit den zusammengenommenen Angeboten der Antiquitätengeschäfte der Stadt ganze Kirchen ausgestattet werden könnten, geht in den Innenräumen der Kirchen all das verloren.

Gegenüber einer kunstgeschichtlich mittelmäßig interessanten Kirche ganz nahe meiner Wohnung befindet sich ein Schnitzelhaus, das ich in mahlzeitlichen Notfällen gelegentlich aufsuche. Durch die großen rot eingerahmten

Panoramafenster, die in die Fassade des biedermeierlichen Hauses gebrochen sind, hat man einen schönen Blick auf das barocke Portal aus 1786. Ein wenig ist der Blick zwar verstellt, denn die roten Plastiksessel werden offenbar nur in Ausnahmefällen, in denen Gäste auch tatsächlich im Lokal verweilen, von den Tischen genommen. Die im Frittieröl bruzelnden Schnitzel könnten fast als kontemplative Geräuschkulisse durchgehen. Die Gemeinsamkeiten zwischen den Orten sind aber leider größer. Ein billiger Alurahmen, der neben der Eingangstüre des Lokals auf das Schnitzelburgerangebot der Woche hinweist, findet sich auch am barocken Kirchenportal. Gleich mehrfach: Da werden die Strickrunden für Eritrea angekündigt und die geänderten Gottesdienstzeiten. Gehen wir einen Schritt hinein, sehen wir auf Korkpinnwänden, die billig von Büro- und Seminarraumausstattern erworben wurden, die Ergebnisse der Bibelmalrunde für Kinder und schlechte Photographien vom Pfarrausflug der Diözesanhausfrauen ausgestellt. Und Nachtischlämpchen auf Plastikgestellen geben auch vor dem mit Regenbogen-Kinderzeichnungen geschmückten historischen Altar ein wenig Licht.

Wahrscheinlich ist es der Kirchengemeinde gar nicht mehr nachvollziehbar, dass spirituelles Empfinden auch mit einer sakral-schönen (göttlichen!) Umgebung einhergeht. Wer in der Stiftskirche von Melk in Gedanken versunken auf die Deckengemälde blickt, kann auch als Ungläubiger Zweifel bekommen, ob nicht doch gleich ein

Wunder geschieht. Wer andernorts vom kirchlichen Kristallluster in einer einsamen Fassung eine Sparlampe baumeln sieht (verringert vermutlich den CO_2-Fußabdruck der Kirche), ist hingegen wieder sicher: Das alles hier ist doch nur allzu menschlich. Vielleicht ist es eine humanistische Reaktion, nach der Ausbeutung der Armen für den Prunk und Stuck der Kirchen, jetzt das Gegenteil zur Schau zu stellen – soweit das Denkmalamt nicht doch irgendwo eine Grenze setzt.

Wenn von Gott alles Schöne auf Erden kommt, dann muss es auch in den Gebäuden, wo das vermittelt wird, zum Ausdruck gebracht werden. Wie sollen die Menschen die Übernatürlichkeit glauben, wenn das Gebäude so natürlich wirtschaftlich ist. Die Architektur und die erhabene Umgebung können mehr zum festen Glauben beitragen als die Predigt des Pfarrers. Es hat schon Thomas von Aquin (ca. 1225–1274) gewusst, als er in seiner *Summa theologica* schrieb: „Ohne eine gewisse Schönheit kann das Leben der Menschen nicht lange bestehen."[68]

Rote Bauten

Dass die Genossen im real existierenden Sozialismus nicht auf den hl. Thomas gehört haben, war ein Fehler (wenn sie auch die Kirchen selbst in ihrer Pracht geschätzt und unter dem Deckmantel „Museen des Atheismus" erhalten haben).

Denn ästhetische Mängel können selbst große Weltanschauungen zu Fall bringen.

Die kommunistische Gesellschaft konnte nicht zuletzt deshalb nicht gelingen, weil sie in Plattenbauten leben musste, die so hässlich waren wie die Fabrik, in der die Bewohner den Fünfjahresplan zu erfüllen hatten. Als Stil für sein Zuhause sucht man aber das, woran es einem mangelt: in diesem Fall nicht die schmucklose Gleichheit, die die schlichten schlecht gebauten Wohntürme zu bieten hatten. Heute noch ist in solchen Anlagen in exsowjetischen Städten zu sehen, mit welcher Akribie die Menschen ihren kleinen Balkon im 28. Stockwerk individuell gestalten und ein Mosaik zaubern, das dem Haus seine architektonische Idee nimmt.

Das Rote Wien war da ein halbes Jahrhundert früher ohne Zweifel geschickter. Die Paläste des Proletariats sind zwar riesige Anlagen, aber kleinteilig strukturiert. Der Karl-Marx-Hof, zur Durchmischung der Bevölkerung in den Nobelbezirk Döbling gebaut, ist zwar mit 1,1 Kilometern das Gebäude mit der längsten Straßenfront Europas, aber mit seinen über 1.300 Wohnungen kein Moloch, in dem soziale Spannungen vorprogrammiert gewesen wären. Jeder Hof ein Dorf: mit Bücherei, Arztpraxis, Kindergarten, Waschküche und Veranstaltungsräumen. Hier paart sich das Gefühl für den richtigen Maßstab, also der Kleinteiligkeit, wie wir sie zuvor kennengelernt haben, mit dem politischen Anspruch auf Schönheit, der auf einer großen Idee fußt.

Oder wie es der Gründer der Österreichischen Sozialdemokratie, Victor Adler, im Jahr 1902 aus Anlass der Eröffnung des Arbeiterheimes in Favoriten ausgedrückt hat: „Die Arbeiterklasse verlangt nicht nur politische Rechte, wir fordern auch das Recht auf Schönheit.“[69] Seine Genossen Nachfolger sind nicht nur in dieser Angelegenheit weit von dieser Forderung abgerückt und haben nicht nur der eigenen Klientel hässlichste Sozialbauten zugemutet.

Schönheit wird heute dem Schrebergarten eines jeden Einzelnen überlassen – sie ist Privatsache geworden, allenfalls Gegenstand für Experten. Schönheit als Kategorie der Politik erzeugt Reaktionen zwischen Verständnislosigkeit und aggressiver Ablehnung. Im zweiten Fall wird sie schnell ins faschistoide Eck gedrängt und der Vorwurf erhoben, viele in diesem Zusammenhang verwendete Begrifflichkeiten wären im Nationalsozialismus Teil des täglichen Sprachvokabulars gewesen. Ja, weil diese und andere totalitäre Regime die Schönheit als Transmissionsriemen für ihre Ideologie verwendet haben – wie auch die Geschichte, die Gefühle und die Geborgenheit (für manche zumindest). Man muss aber darüber nachdenken, welche Werte der kapitalismusgeprägten Demokratie abhandengekommen sind und die linken und rechten totalitären Regime erst auf den Weg gebracht haben. Schönheit als politische Kategorie heißt eben nicht immer nur Kraft-durch-Freude-Festzug.

Wer in schönen Dingen einen schönen Sinn entdeckt,

hat Kultur. Aus ihm kann noch etwas werden.

Oscar Wilde

VI

WUNSCH VERSUS WIRKLICHKEIT

Was tun?

Auch wer das Schöne gar nicht sucht, findet es mehr denn je in unzähligen Medien, die wir – von Plakatwand über Hochglanzmagazin bis Internet – täglich konsumieren, und kann es auch als *schön* ausmachen. Meterlang steht in den Regalen der Buchhandlungen die Gegenwelt zu unserem Alltag: *Love your home. Wohnen wie es zu mir passt*; *Oriental Lifestyle. Das Flair von 1001 Nacht*; *Aus Alt wird Neu: Dekoratives Recycling*; *Die besten Bäder: individuell & maßgeschneidert*; *Dachausbau: Schöner Wohnen unterm Dach* und, in unserer schnelllebigen Zeit nicht außer Acht zu lassen: *Häuser mit Zukunft*. Alles dicke, teure Bücher, die fast so zahlreich erscheinen wie die jeweils neueste Ausgabe der unzähligen Titel verschiedener Architektur-, Wohn- und Lifestylemagazine, von *Schöner Wohnen* bis *Elle Decoration*, von *Häuser* bis *Architectural Digest*. Und wem das zu exklusiv, zu unerreichbar oder entfernt von den Möglichkeiten unseres gesellschaftlichen Alltags erscheint, findet das gleichsam normale Leben etwa in *Servus in Stadt und Land*, einem Magazin aus dem Hause Red Bull. Das Magazin mit seinen großformatigen Bildern vom ruhigen und schönen Leben, das Qualität im ganz normalen Alltag vermitteln soll und die Probleme der Welt ausblendet, erreicht bereits eine Auflage, die an so manches Politikmagazin mit klingendem Namen heranreicht.

Unablässig wird uns also vermittelt, was schön ist. Wir sehen uns das, wie die Auflagen- und Absatzzahlen dieser Publikationen zeigen, auch tatsächlich an – aber finden uns dann doch immer wieder in der Mühle der wirtschaftlichen Alltäglichkeit wieder, von der wir meinen, sie mache es besonders schwer, uns wirklich zu ändern.

Probieren wir es daher einmal anders herum: Nicht zum Stück (zum wirtschaftlich-gesellschaftlichen Leben, wie es sich gegenwärtig darstellt) bauen wir die geeignete Bühne. Denn da werden die Kulissen dann so hässlich, wie wir uns das hier in Erinnerung gerufen haben. Bauen wir uns eine schöne Kulisse – und sie wird zur Bühne für ein gelungenes Lebensstück, das nur glücklich machen kann. Vielfach praktizieren wir das im Kleinen ohnedies, indem wir uns, um wieder in unsere innere Mitte zu kommen und zur Ausgeglichenheit, in eine schöne (atmosphärisch sichere) Umgebung zurückziehen. Denn wir können die Schönheit nur vorübergehend entbehren. Wir können uns den ganzen Arbeitstag lang verstellen, weil es die Situation erfordert, Beleidigungen und Intrigen aushalten, wir können vor Aufregung ins Schwitzen kommen, uns kann einfach nur vom Kantinenessen schlecht sein – das alles halten wir täglich aus. Aber irgendwann brauchen wir dann wieder die schöne Umgebung, wo wir in aller Ruhe bei uns selbst sein können.

Die schöne Umgebung, die wir uns für solche Fälle hoffentlich vorbereitet haben, bietet uns das: Vielleicht ist es eine einzelne Verzierung an der Stuckdecke, eine kleine Blume, von der wir uns fragen, ob sie seit ihrer Anbringung vor hundert Jahren, so weit oben und so versteckt, jemals wieder ein Mensch bewusst wahrgenommen hat. So wie Kleider Leute machen, macht das auch die Umgebung.

Als kaum Zehnjähriger erholte ich mich von den Widrigkeiten des Lebens auf der Couch im elterlichen Wohnzimmer stehend, auf Augenhöhe in ein Zimmer blickend, das der niederländische Maler Pieter de Hooch im 17. Jahrhundert gemalt hat. Eine Frau, die ein Glas hält, zwei Männer um den Tisch vor ihr und eine Bedienstete sind darauf zu sehen. Im Hintergrund ein großer offener Kamin, darüber ein ebenso großes Ölbild, das bis zur Decke reicht. Diese besteht aus dicken Holztramen, der Boden darunter ist schachbrettartig mit schwarzen und weißen Steinen ausgelegt. Wir sehen zwar aufgrund der Perspektive nicht aus den vielfach mit dünnen Bleirahmen unterteilten Fenstern am linken Bildrand hinaus, aber sie lassen gleichmäßig sanftes Licht in den Raum fallen, wo es angenehm zwischen Wänden und Gewändern diffundiert. Nicht zuletzt lässt ein vermutlich zerknülltes Papier am Boden im Vordergrund die Szenerie in völliger Entspanntheit erscheinen.

Ich wusste nichts über die zeitliche Ferne, in der die Szene spielt – nicht einmal, dass das Bild eine billige Kopie war. Sie war mit farblosem Lack so hinterhältig gut überpinselt, dass der Versuch, als Original zu erscheinen, bei mir durchgegangen ist. Aber es war der Inbegriff einer Art von Schönheit, die einen im Chaos des Lebens beruhigt; Schönheit, die sich auf den Gemütszustand ganz unmittelbar auswirkt und in den Wirren, die man beim kindlichen Älterwerden so durchlebt, ein Anker war.

Weil die Welt des Kommerzes entdeckt hat, dass solche emotionalen Verbindungen nicht nur für jeden Menschen wichtig sind, sondern – richtig eingesetzt – auch die Lust zu konsumieren erhöhen, werden uns vielfach Surrogate der Schönheit vorgesetzt. Je mehr es sind, desto weniger strengen wir uns aber an, Schönheit in unserer Umgebung selbst zu kreieren.

Kaffeekäufer, die für die plumpe Ein-Kilo-Packung früher etwa zehn Euro bezahlt haben, legen jetzt gerne das Siebenfache auf den polierten Wurzelholz-Ladentisch und nehmen dann zur Verkostung noch die solitäre Kapsel Grand Cru von der einsam am Sternparkett stehenden Marmorstele. Sie haben beim Hinausgeleiten durch den Concierge allerdings ein wenig schlechtes Gewissen, nicht in großer Abendrobe zum Kaffeekauf erschienen zu sein. Es ist bezeichnenderweise das nicht ganz so Nützliche unter den Konsumartikeln, wo wir die Schönheit nicht entbehren wollen. Wer etwa auf der Suche nach dem neuesten Smartphone ist (und nicht nach dem Diskonter-Handy, das wäre viel zu nützlich), der erwartet sich, dieses nicht einfach in einem Geschäft, sondern in einer schicken Boutique zu finden, wo auf hundert Quadratmeter maximal drei Exemplare präsentiert sind, im Scheinwerferlicht, wie ein Heiligtum am Plexiglas-Altar.

Designer umgeben uns überall, da brauchen wir gar nicht zum Haardesigner zu gehen oder in ein Designhotel einzuziehen. Sie werden ausgebildet an der Hochschule für Kommunikationsdesign und werden Grafik-, Werbe- oder Servicedesigner, arbeiten dann im Designmanagement, bevor sie vermutlich Designphilosophen werden. Sie gestalten, was uns im kleinsten, fast unsichtbaren Bereich umgibt: die Kaffeemaschine und das Smartphone, die Zitronenpresse und die Wurst.

Meine Kinder fragen, warum auf der Verpackung des „Wellness-Schinkens" eine schöne Frau in schöner Umgebung abgebildet ist und nicht etwa ein Schweinestall. Und ich frage mich, warum der SUV im Zeitungsinserat durch so schöne Landschaft fährt und nicht gerade vor einem Supermarkt parkt, wo ich ihn gewöhnlich zu sehen bekomme. Manchmal wird es mit der Schönheit, die uns medial vermittelt wird, auch zu weit getrieben. L'Oreal bewarb eine Creme mit dem Gesicht der Schauspielerin Julia Roberts. Die britische Werbeaufsicht urteilte, es sei zu schön. So viel Schönheit gebe es nicht, auch nicht mit beworbener Creme, worauf der Kosmetikhersteller die Kampagne zurückziehen musste.

Es gibt offenbar eine Grenze, über die hinaus wir uns dann doch nicht täuschen lassen wollen (und sei es nur durch eine sicherlich geringe Photoshop-Nachbearbeitung). Die Akzeptanz der Scheußlichkeit, so sehen wir hier, kippt mit Abnahme der Nützlichkeit der gesuchten Waren ins Gegenteil. Es zeigt sich also auch auf dem Gebiet des Konsums, wie die Abnahme der Nützlichkeit die Schönheit hervorruft – oder die Zunahme der Nützlichkeit die Hässlichkeit hervorruft.

Denn bei den Dingen, die wir zum täglichen Leben einkaufen müssen (Nahrung, Putzmittel etc.), nehmen wir es hin, dass einfachste Inszenierungen, die einst jedem Greißler selbstverständlich waren, nicht mehr durchgeführt werden. Hofer, Lidl, Penny, Zielpunkt werfen uns die Dinge, auch die Nahrung, im wahrsten Sinne des Wortes zum Fraße hin, je billiger und schmuckloser, desto besser. Hingekotztes wird in den Einkaufswagen gerafft. Sonst wird uns zwar suggeriert, Einkaufen wäre Lustgewinn. Hier aber, wo es um das Wichtigste geht, um den Alltagseinkauf, müssen wir darauf verzichten und ein Übel hinnehmen, bei dem es nur darum gehen kann, es zu überstehen, und zwar möglichst rasch.

Es gibt also eine radikale Gegenposition zur schönen Warenwelt: das Feld der gewollten Hässlichkeit, der Diskontmärkte, wo die Vorgabe nur sein kann, das Geschmacksniveau auch des letzten Kunden jedenfalls zu unterschreiten, um nicht fälschlicherweise für einen Markt mit angemessenen Preisen gehalten zu werden. Da darf man nicht „besser als wie man denkt" sein, wie das die Modekette KiK ausdrückt – und damit auch verrät, auf welchem Intelligenzniveau es seine Kunden sieht. Wir teilen folglich auch innerhalb der Tätigkeit Einkaufen die Welt in eine schöne und eine hässliche Hemisphäre. Wessen Konsumhorizont über das suburbane Einkaufscenter als Erlebnislandschaft hinausreicht, der sucht dann hin und wieder einmal Trost bei einem Wachtelei im Meinl am Graben.

Das Empfinden für die Schönheit unserer Umgebung wird, wie wir daran sehen, in großem Ausmaß durch die Konsumumgebung geprägt. Sie wird zum Medium, über das wir allfällige Schönheit erkennen. Hier bekommen wir die Dosis Schönheit geboten, die uns vielfach gegen die Hässlichkeiten immunisiert, die uns die Konsumumgebung gleichzeitig auch bereitet: die kalt beleuchteten Einkaufshallen, die Ladezonen und Zufahrtsrampen, die Parkplatzwüsten und Fahnenwälder.

Eine solche Dosis ist die Dekoration, die uns in der vorweihnachtlichen Zeit Schönheit vorspielen soll. Die Wirtschaft verabreicht sie, indem sie die Vorweihnachtszeit bereits Ende August beginnen lässt und ab dieser Zeit die ersten sternenverzierten Lebkuchenpackungen in die Regale stellt. Die Menschen übernehmen diesen immer aufwändigeren und exzessiveren Schmuck in ihre unmittelbare Umgebung (etwa auf der Fensterbank) und ihre weitere Umgebung (vom Dachfirst bis zum Gartenzaun). Die Kommunen kommen diesem Bedürfnis mit sich überbietenden Girlanden über den Einkaufsstraßen nach; und da ist es dann natürlich nicht mehr weit zum überbordenden Lichterschmuck an den Geschäften.

Diese äußerlichen Motive rühren aus zweierlei inneren Motiven her: Zum einen finden manche Menschen diesen Häuser- und Landschaftsschmuck (leider) ganz vordergründig schön und tauchen damit auch sonst pittoreske Dörfer und Landschaften in tiefen Kitsch. Auf einer zweiten Ebene aber finden sie etwas anderes schön, und das darf man ihnen nun tatsächlich nicht vorwerfen: die Atmosphäre, die diesen verkitschten Blinklichtdarstellungen zugrunde liegt; eine Idylle, die überschaubar ist, die Ruhe (Blinklichter hin oder her) und Beschaulichkeit vermitteln soll und die letztlich den Idealtypus einer gewünschten Atmosphäre darstellt. Wie Insel und Palme in unserer westlichen Kultur- und Kommerzwelt die Symbole für Entspannung und Freiheit von alltäglichen Zwängen, vom Unbill des Alltags sind (die wir allerdings in dieser geballten Form – vielleicht aufblasbar – nicht in unsere Vorgärten stellen), so ist die Almhütte mit dem gelblich warm beleuchteten Fenster Ausdruck einer Sehnsucht, die wir das ganze Jahr über erfolgreich und nachdrücklich verdrängen – und zwar einschließlich zu Weihnachten, wo wir uns in den Shopping-Malls am allerweitesten davon entfernen.

Es reicht offenbar einmal im Jahr das LED-Farbenspiel der verschneiten Almhütte. Das dahinterliegende Grundbedürfnis nach solcher Schönheit (und die muss natürlich nicht die Almhütte selbst sein, sie dient hier nur als Archetypus) ist verschüttet unter der Lawine des Kommerzes.

Das verkitschte Abbild von Schönheit wird blinkend in die Fensterbank gestellt, anstatt die Lebensumgebung tatsächlich und direkt schön zu gestalten.

Die Vorstellung vom Ideal einer schönen Umgebung haben wir also nicht verloren. Im Gegenteil, in allen Medien wird sie uns, vor allem in der Werbung, ständig vor Augen geführt: perfekte Bilder einer Winteridylle und eines Großstadtdschungels. Dort stehen dann die meisten SUVs (es ist tatsächlich unter Österreichs Bezirken der dicht verbaute 8. Wiener Gemeindebezirk, wo die meisten Geländewägen angemeldet werden), die nur noch die Idee vermitteln, es gibt auch irgendwo eine schöne Landschaft, durch die der Autobesitzer gerne führe – auch wenn natürlich die abgelegenste Passstraße mittlerweile autobahnähnlich ausgebaut ist. Die Supermarktkette mit ihrer Wellblechhalle hinter den Fahnen an der Umfahrungsstraße bewirbt ihre Produkte, die wundersamerweise in jeder Filiale unmittelbar aus der Region kommen, mit der schönsten Natur, wie sie nur bei ganz schmal gewählter Perspektive, die den Supermarkt selbst ausblendet, zu sehen ist. Das Wissen darum, wie die *schöne Welt* auszusehen hat, und ihr medialer Konsum in Fernsehen und Internet scheint uns zu befriedigen. Er vermittelt uns die Illusion, auch da bewegen wir uns im realen Leben. Unsere Rezeption ist auf das Erkennen eingeschränkt und verliert zunehmend das Erleben. Das Bedürfnis danach setzt allerdings voraus, Ähnliches schon einmal erlebt zu haben.

Wir beschränken uns darauf, uns mit den Bildern der Landschaft zu identifizieren, die es nicht mehr gibt. Das ist vielleicht auch der Grund, warum die anachronistische Ansichtskarte in der Welt der neuen Medien überlebt: Sie beschönigt mit ihren Motiven unsere Landschaft. Ihre Motive sind weiterhin unsere Wunschvorstellungen von Wirklichkeit. So wie die Landschaft in den vielen jährlich erscheinenden Bildbänden – auch sie repräsentieren in keiner Weise mehr die Wirklichkeit. In den wunderschönen Bildbänden, die auch in diesem Verlag erscheinen, können nur noch die kleinsten Ausschnitte der Welt gezeigt werden. Die Perspektive muss extrem verengt werden, um den Hässlichkeiten zu entgehen.

Wir können darauf hoffen und hinwirken, dass Schönheit doch noch irgendwann eine politische Kategorie wird. Dann, wenn uns klar geworden ist, dass Fortschritt nicht nur Wachstum von wirtschaftlichen Kennzahlen ist, sondern auch Steigerung der Qualität unserer Lebensumgebung, in der dann jeder Einzelne sein persönliches Lebensglück verwirklichen kann.

Die Zerstörung der landschaftlichen Ästhetik geht kaum von zu nah an die Grundgrenze gebauten Garagen oder Wintergärten aus, gegen die man allenfalls unter Zuhilfenahme bestehender Rechtsnormen, etwa der Bau- und Raumordnung, auftreten könnte. Es sind die unter großem kommerziellem Druck entstehenden zuvor beschriebenen Großprojekte, die in aller Regel – rein formalrechtlich gesehen – rechtskonform abgewickelt werden. Lassen wir die in der Bauwirtschaft so oft vermuteten Bestechungsgelder einmal beiseite.

Die Schmiergeldzahlungen erfolgen viel subtiler – und gar nicht heimlich: Die besorgten Bürger werden gleich von Anfang an einbezogen (aus so manchem Kraftwerksbau hat nicht nur die Politik gelernt, sondern auch die aus der Privatwirtschaft kommenden Errichter – und die haben auch das Geld dafür). Die Partizipation ist aber eine Illusion. Widerständige Grundstückseigentümer und Nachbarn können mit vergleichsweise kleinen Ablösesummen ruhig gestellt werden, Skeptiker mit Blick auf die Schönheit des Lebensraumes werden mit Behübschungen (ein paar Sträucher, ein paar „Einhausungen", vielleicht eine Aussichtsplattform) befriedigt. Und die lästigen NGOs bekommen ein begleitendes Studienprojekt finanziert, zur Erforschung des Paarungsverhaltens dort siedelnder Heuschrecken, dessen Ergebnisse dann auch auf einer Informationstafel publiziert werden dürfen. Für die Investoren ist es aber allemal günstiger, als sich mit Demonstrationen herumschlagen zu müssen, die den Baubeginn um Monate verzögern, weil die Politik vielleicht doch auch einmal schwach wird.

Der *äußere Rahmen*, dessen Verschwinden wir festgestellt haben, ist daher nur durch eine radikale Abgrenzung des Siedlungsraums wieder herzustellen. Siedlung (und alles, was an Infrastruktur dazugehört) hat sich in verdichteter Form an die bestehende Besiedlung anzuschließen. Mehr noch: Sie muss wieder nach innen gerichtet sein. Nicht nur freie Fläche innerhalb eines bestehenden Siedlungsraums muss genützt werden. Sanierung, Adaptierung, Umnutzung gibt dem bestehenden Siedlungsraum neue Struktur und zeitgemäße Nutzungsmöglichkeiten. Weil ein solches Flächenrecycling ohne Zweifel kostenintensiver ist, als weitab davon auf der grünen Wiese ein weiteres Bauwerk zu errichten (dessen Aufschließungskosten abseits von Wasser und Strom in der Regel die öffentliche Hand trägt), braucht es solche Impulse aus einer neuen Raumordnung.

Wie China einst die Ein-Kind-Politik einführen musste, um sein Wachstum in Grenzen zu halten, brauchen wir die Ein-Hektar-Politik. Eigentlich hätten wir sie im Jahr 2002 als Strategie zu einer schonenden Raum- und Verkehrsplanung schon festgelegt. Und zwar mit dem Ziel, jährlich nur noch einen Hektar Landschaft zu verbrauchen. Aber wie wir an den erschreckenden Zahlen zum Flächenverbrauch in Österreich gesehen haben, sind wir weit davon entfernt.

Wie das Land aussehen könnte, wenn es keine so fortschreitende Verhüttelung gäbe, lässt sich übrigens an einem Ort erkunden, an dem sonst wenig Schönes vor sich geht: am Truppenübungsplatz des Bundesheeres in Allentsteig. Dort sind mitten im niederösterreichischen Waldviertel knapp 160 Quadratkilometer absolut unverhüttelt, weil die Reste von 40 Ortschaften seit der Errichtung dieses

Geländes im Jahr 1938 nur noch als Kulisse für die Durchführung militärischer Übungen dienen. Die ästhetische Entwicklung hat damals Halt gemacht. Wer dorthin kommt, insbesondere als Zivillist, der sich nicht dem Schlamm, sondern der Schönheit der Landschaft hingeben kann, hat die Möglichkeit, über die sanften Hügel des Waldviertels zu blicken – ohne Lagerhausturm, Diskontmärkte und Fahnenwald. Besonders eindrücklich ist das in der Dämmerung. Da wird es tatsächlich finster, wie wir es am Lande sonst kaum noch wo erleben, weil für gewöhnlich die großen Gebäudeungetüme so stark beleuchtet werden, dass wir sie auch mitternachts aus größter Entfernung noch sehen. Sollte der größte Truppenübungsplatz Westeuropas einst auch den Einsparungen des Bundesheeres zum Opfer fallen, könnte die Region als *Museum einer schönen Landschaft* herhalten – für jene, die das unzersiedelte Land nur noch aus historischen Schwarzweiß-Aufnahmen kennen. Aber wir wollen weder solche Museen noch ausschließlich Nationalparks als Reservate unverschandelter Landschaft.

Das funktioniert aber nur, wenn wir nicht immer mehr werden. Noch nie haben so viele Menschen auf unserem Siedlungsraum gelebt – und dennoch haben wir im Wachstumswahn ständig Angst auszusterben. Wir feiern jeden Rekord einer runden Zahl an Österreicherinnen und Österreichern („Wir sind 9 Millionen!"), als ob es ums Überleben der Spezies ginge. BIP-Wachstum und Pensionssystem halten immer als Argument her. Aber was bringt es uns, eine ein bisschen größere kleine Volkswirtschaft zu sein? Die Produktivität des Einzelnen werden wir schon noch steigern, und für die Versorgung der Senioren ist uns in Wirklichkeit auch schon viel mehr eingefallen als der Ruf nach mehr Menschen, mehr Konsumenten, mehr Häuslbauern und mehr Infrastruktur an Lagerhallen, Autobahnrampen und Tankhäfen.

Wir müssen uns selbst einmal die Angst davor nehmen, in der Mitte des Jahrhunderts nicht zehn Millionen, sondern nur drei Millionen Menschen in diesem Land zu sein. Drei Millionen, die in viel größerer Qualität leben können, in gesünderer Umgebung und vor allem schönerer Umgebung. Und mit geringerem sozialen Konfliktpotenzial, wozu weniger Verhüttelung und weniger Stadtrandwohnsilos beitragen.

Da muss die Politik nicht einmal steuernd eingreifen und ständig darauf schielen, welche familienpolitischen Maßnahmen noch gesetzt werden, um die Geburtenrate zu steigern. Unsere Gesellschaft hat es geschafft, Menschen für Dinge abzustellen, die nicht unmittelbar mit dem Überleben zu tun haben. Es war ein zivilisatorischer Fortschritt, Menschen einfach dichten und Geschichten erzählen zu lassen. Wir können es uns mittlerweile auch leisten, dass sich manche um die Schönheit unserer Umgebung kümmern. Die Bergbauern sind ein Beispiel dafür. Wir halten sie in unserer Logik wirtschaftlichen Handelns, weisen ihnen aber ganz andere Aufgaben zu als bisher: nicht Lebensmittel zu produzieren, sondern gegen Geld eine schöne Landschaft im Alpenraum zu erhalten.

Die Schönheitsproduktion ist in diesem Fall wirtschaftlich geworden. Schönheit ist als wirtschaftlicher Faktor eingeführt worden ist. Sie ließe sich in gewissen Umfang auch retten, wenn wir potenzielle Gewerbeflächen dem Markt entziehen. Aufkaufen, wie Umweltschutzorganisationen anbieten, sich im Regenwald ein paar Quadratmeter zu sichern, um damit einen Beitrag zum besseren Weltklima zu leisten. Und es ließe sich noch weitertreiben, Schönheit als in Geld messbare Größe einzuführen. Die Verunstaltung unserer Lebensumgebung bekommt damit einen Preis innerhalb unseres Systems. Wir könnten dann Schönheitszertifikate handeln, wie wir das heute schon bei Verschmutzungsrechten in Sachen Weltklima tun.

Wie wenig das aber taugt und zur Erreichung des Ziels beiträgt, zeigt sich durch den Handel der Verschmutzungsrechte. Jeder kann weitermachen, wie er will, weil die Pflichten (in diesem Fall zu umweltschonendem Leben) handelbar sind. Analog dazu ließe sich dann wohl auch ein Zertifikat zur „Entbindung von der Pflicht der Erhaltung der Schönheit unserer Umgebung" erfinden. Es kostet dann nur ein wenig mehr, mitten in die schöne Landschaft ein Einkaufscenter zu stellen. Aber das ließe sich – wie es so schön heißt – einpreisen.

Auch bei der Idee, Umwidmungen von Grünland in Bauland mit einer entsprechenden Abgabe zu verbinden, die den Begünstigten trifft, wäre es – wie zuvor ausgeführt – nicht anders. Denn dieser Idee liegt Verteilungsgerechtigkeit zugrunde (wessen Grundstück durch geänderte Rechtsnormen aufgewertet wird, soll zahlen) und weniger eine Idee, steuernd in die Entwicklung des Raumes einzugreifen (wer ein bebaubares Grundstück haben will, soll durch eine Zahlung davon abgehalten werden).

Es ist also wenig sinnvoll, selbst der Schönheit unserer Umgebung einen in Geld zu bemessenden Wert anzulegen. Es würde das System, unsere uns umgebende Landschaft nur unter wirtschaftlichen Gesichtspunkten zu sehen, noch weiter vorantreiben. Gesellschaft und Politik müssen wieder die Oberhand über kommerzielle Interessen gewinnen. Es muss dann auch in diesem Bereich wieder das Primat der Politik über die Wirtschaft gelten, so wie es in Zeiten der Allmacht globaler Großkonzerne auch für andere Bereiche vielfach gefordert wird. Die formalen Abläufe demokratischer Willensbildung sind zwar unbeeinträchtigt, stellen aber vielfach nur noch eine äußere Form dar.

Zwischenwasser in Vorarlberg ist ein kleines, aber wegweisendes Beispiel dafür, wie qualitativer Dorfentwicklung der Vorzug vor immer weiterer Zersiedlung und Verbauung gegeben werden kann – wenn es auch schwierig war. Der dortige Bürgermeister verwendete seine Kraft nicht darauf, Supermärkte um neue Kreisverkehre anzusiedeln, sondern ließ bereits in den 80er Jahren gegen großen Widerstand Bauland rückwidmen und konzentrierte sich darauf, dass schöne Gebäude errichtet wurden.[70] Das Dorf gilt mittlerweile als Mekka für Architekturfans.

Wir dürfen uns kein schlechtes Gewissen mehr machen lassen, wenn uns erklärt wird, wie viel Geld schon in Planung und Vorarbeiten geflossen ist; wie gewissenlos es wäre, den nachhaltigen und schwer wiegenden Eingriff in Natur und Landschaft jetzt noch in Frage zu stellen. Achtung: Dieser Appell an unser Gewissen kommt meist schon bei erstmaliger Präsentation einer Idee in der Öffentlichkeit.

Wir müssen dann auch mit größter Selbstverständlichkeit fordern, dass nicht mehr gebrauchte Billig-Infrastruktur wieder verschwindet. Die Diskontketten-Gebäude unterliegen einer sich schnell verändernden Konjunktur. Was zu lange leer steht und ausschließlich der Funktion dient, unser Auge zu beleidigen, muss wieder weg. Nicht jedes einst gewerblich genutzte Gebäude erfreut uns danach mit Raum für Kunst und Kreativität: Nicht jede Ankerbrotfabrik wird zum Kulturzentrum, nicht jeder Schlachthof zum Fernsehstudio, nicht jede alte Kunstmühle zur Kleinkunstbühne.

Tatsächlich haben die billigsten, schnell errichteten und *nützlichsten* Gebäude die kürzeste Lebensdauer. Ihre Architektur ist nicht sinnstiftend und auf Dauer angelegt. Die aktuelle Gebrauchsfunktion ist die einzige, die darin verwirklicht werden kann. Wenn das Geschäftsmodell scheitert, findet sich kaum eine Nachnutzung – die Kosten der

Beseitigung will niemand übernehmen. Eine gescheiterte Drogeriediskontkette, die unsere Ortsbilder besonders nachhaltig verunstaltet hat, hätte wenigstens zuvor einen – gleichsam wie einst für die Kühlschränke – Entsorgungsbeitrag für ihre Gebäude bezahlen sollen. Und eine Tankstelle (Klaus S. ist in der Einleitung daran vorbeigefahren) muss weg, wenn sie niemand mehr braucht!

Denn die hässliche Umgebung macht auch hässlichere Menschen aus uns. Der Gottseibeiuns der Modewelt, Vivienne Westwood, hat uns zuletzt attestiert, „die Menschen (haben) noch nie so hässlich ausgesehen wie heute".[71] Sie schlägt daher vor: „Kauft weniger, sucht gut aus, achtet darauf, dass es länger hält." Wir könnten das fortführen: Baut weniger, lasst es gut aussehen, achtet darauf, dass es länger hält.

Es wirkt sich positiv auf uns aus. Wir werden in der schönen Umgebung zwar nicht zwangsläufig gleich bessere Menschen. Das ist leider schon von Diktatoren widerlegt, die in schönster Umgebung die blutigsten Pläne schmiedeten. Widerlegt ist selbst, dass wir glücklicher werden. Aber wir können in schöner Umgebung zumindest manchmal Stimmungslagen haben, die uns sonst zu diesem Zeitpunkt verwehrt bleiben. Eine schöne Umgebung nimmt uns die Angst, die uns das Leben manchmal einjagt.

Der britische Philosoph Alain de Botton versucht das seinen Landsleuten zu vermitteln.[72] Er hat von namhaften europäischen Architekten Pläne für Ferienhäuser entwerfen lassen. In dieser architektonischen Avantgarde sollen die Landsleute Ferien machen und sich wie nebenbei über den Segen moderner schöner Formen belehren lassen. Im Urlaub sei der Mensch entspannt und eher aufnahmebereit für alles Fremde.

Aber auch zu Hause lässt sich Entspannung hervorrufen, wie wir sie brauchen, um unsere unmittelbare Umgebung wieder einmal bewusst zu erleben. Legen Sie sich an allen Ecken und Enden Ihrer Wohnung auf eine Matratze und lassen Sie Ihren Blick umherschweifen. Am besten durch einen leeren Bilderrahmen: Die Eindrücke werden plötzlich ganz andere sein. Im Wiener Leopold-Museum sind die Fenster so gestaltet, dass der Blick auf die Stadt ebenfalls ein gerahmtes Bild ergeben könnte. Derselbe Blick aus dem Fenster zu Hause lässt die Umgebung ebenso in anderer Anmutung erscheinen. Stellen Sie sich aber darauf ein, dass Sie allenfalls von einer Urlaubsentspannung noch ein Stück weiter wegkommen.

Der Urlaub ist es auch, der uns noch zu einer leichtfertig dahingesagten Redewendung führt, die wir in den Tagen vor der ersehnten Reise oft gebrauchen. *Wir brauchen Kulissenwechsel.* Wir sagen das, obwohl die Kulisse so sehr in Verruf geraten ist. Und zwar aufgrund der vermeintlichen Alltagsweisheit, es komme auf die Äußerlichkeiten nicht so sehr an. Fälschlicherweise sehen wir bei den inneren Werten aber immer nur den Geldwert. Die Kulisse würde außerdem alles nur beschönigen, heißt es – wir müssten dahinter blicken, um unser Leben in seiner Tiefe zu verstehen.

Aber die Schönheit unserer Umgebung ist letztlich doch nur die *Oberflächlichkeit*, die Bühne unseres Lebens. Darauf wollen wir unser Stück inszenieren. Und dazu gehört eine schöne Kulisse!

ANGRIFF DER BEGRIFFE

Postskriptum

In einer Zeit, die alle Handlungen einem Renditedenken unterordnet oder jedenfalls daran misst, braucht es *Mut* dafür, auf eine schöne Lebensumgebung zu drängen. Mut in dem Sinn, eine Annehmlichkeit zu opfern. Denn nach Schönheit zu streben zieht in unserer Gesellschaft mehr Erklärungsbedarf nach sich, als nach Geld zu streben. Und es braucht Mut, all die verinnerlichten wirtschaftlichen Parameter bei so mancher Entscheidung beiseite zu lassen.

Die *Schönheit* kann ohne das Hässliche auskommen. Sie ist absolut. Wir bräuchten die Hässlichkeit nicht, um Schönheit zu erkennen; in unserem Falle also keine hässliche Umgebung. Die Hässlichkeit ist leicht auszumachen, weil sie in all ihren graduellen Unterschieden an der Schönheit ihr Maß nimmt. Nur weil jede Bank, die etwas auf sich hält, eine schöne Kunstsammlung anlegt und bereit ist, für einen halben Quadratmeter gerahmte Schönheit Millionen auszugeben, heißt es noch nicht, dass mit dem von ihr verborgten Geld unsere Lebensumgebung nicht zusehends verschandelt wird.

In dieser *Streitschrift* ist alles benannt, was unsere oberflächliche Lebensumgebung hässlich werden lässt. Es ist alles ausgeführt, wodurch Verschandelung in diesem Land zustande kommt: die kommerzialisierte Aneignung von

Stadt, Landschaft und Umgebung. Die Schrift richtet sich daher weniger an Architekturkritiker, Raumplaner oder Urbanismusforscher, sondern an jene Menschen, die plötzlich empfinden, sich nirgends mehr richtig wohl zu fühlen, was ihre ästhetischen Anforderungen an die Umgebung betrifft. Landschaft ist zur Beute von Investoren und deren Anlagekapital geworden. Die Schrift soll beitragen, sich aus der Geiselhaft der diese Entwicklungen begleitenden Imagekampagnen zu befreien – denn zumeist glauben wir ja, dass all die Verunstaltungen rund um uns nötig sind, um wirtschaftlich zu überleben. Rational sei nur noch, wird uns vermittelt, was rationell sei.

Verschandelung ist zum Glück nicht gleich das Gegenteil der Schönheit. Sie ist, mit dem Königsberger Philosophen Karl Rosenkranz (1805–1879) gesprochen, gleichsam das, was in der Ethik das Böse ist, in der Biologie die Krankheit, in der Rechtswissenschaft das Unrecht und in der Religion die Sünde; das Hässliche, so schreibt er, ist „in der Mitte zwischen dem Schönen und dem Komischen" zu finden.[73] Und Glück haben wir (und deshalb brauchen wir auch nicht mutlos zu sein), weil das Schöne, so wie das Gute, zwar etwas Absolutes ist, das Hässliche aber, wie das Böse, nur etwas Relatives.

Über *Österreich* sagte der ehemalige ORF-Generalintendant Gerd Bacher einst, es sei der geistige Dünnschiss Europas. Mittlerweile müssen wir uns in Acht nehmen, dass es nicht ganz ungeistig, also äußerlich, in seiner oberflächlichen Anmutung darauf hinausläuft.

1 Hubertus Czernin, *Salzkammergut*, Klagenfurt 1998.
2 Umberto Eco, *Die Geschichte der Schönheit*, München 2004, S. 12.
3 Oral history von Norbert Stieger, Bad Goisern 2012.
4 Umberto Eco, *Die Geschichte der Schönheit*, München 2004.
5 Konrad Paul Liessmann, *Kitsch oder Warum der schlechte Geschmack der eigentlich gute ist*, Wien 2002.
6 Ulrich Renz, *Schönheit: Eine Wissenschaft für sich*, Berlin 2006.
7 Ebd.
8 *City - Magazin für urbane Gestaltung*, Wien 2011.
9 Gerrit Engel, *Schinkel in Berlin und Potsdam*, München 2011
10 *Der Spiegel*, 27. 10. 2006.
11 Robert Pfaller, *Wofür es sich zu leben lohnt*, Frankfurt/M. 2011.
12 Günther Nenning, *Forum 1984 bis 1986*, Wien 2004.
13 Christoph Twickel, *Gentrifidingsbums*, Hamburg 2010, S. 114.
14 Ebd.
15 Ebd.
16 Markus Metz, Georg Seeßlen, *Blödmaschinen*, Berlin 2011, S. 498.
17 Charakterisiert der in Wien geborene, mittlerweile deutsche Romancier und Dramatiker Horst Pillau die Gegenbewegung (Hans Christian Adam, *Berlin*, Köln 2010, S. 398).
18 Johannes Sachslehner, *Abbazia*, Wien 2011.
19 Gregor Eichinger, Eberhard Tröger, *Touch Me*, Baden/Schweiz 2001.
20 *Profil*, 21/2012.
21 Alain de Botton, *Glück und Architektur*, Frankfurt/M. 2006.
22 Günther Nenning, *Forum 1984 bis 1986*, Wien 2004.
23 Ebd.
24 Thomas Bernhard, *Auslöschung*, Frankfurt/M. 2009.
25 *Die Presse*, 30. 8. 2011.
26 Immanuel Kant, *Kritik der Urteilskraft*, Frankfurt/M. 1974, S. 193.
27 www.elk.at, abgerufen Dezember 2011.
28 Siegfried Mattl, *Das 20. Jahrhundert*, Wien 2000, S. 173.
29 Triennale Linz 1.0.
30 Christoph Twickel, *Gentrifidingsbums*, Hamburg 2010, S. 27.
31 Friedrich Morton, *Ewigkeitsgasse*, Wien 1996.
32 www.nytimes.com, *Paved but Still Alive*, abgerufen Jänner 2012.
33 *Zeit-Magazin*, 43/2011.
34 Fritz Neumayer zit. nach Klaus Jan Philipp, *Das Reclambuch der Architektur*, Stuttgart 2006, S. 90.
35 Gregor Eichinger, Eberhard Tröger, *Touch Me*, Baden/Schweiz 2001, S. 39.
36 Markus Metz, Georg Seeßlen, *Blödmaschinen*, Berlin 2011, S. 484.

37 Robert Misik, *Das Kultbuch*, Berlin 2007, S. 118.
38 *Falter*, 9/2005.
39 Regiodata, www.orf.at, abgerufen Oktober 2011.
40 *Zeit-Magazin*, 43/2011.
41 Stefan Oláh, *Österreichische Architektur der Fünfziger Jahre*, Salzburg 2001, S. 23.
42 Marc Augé, *Nicht-Orte*, München 2010, S. 83.
43 Ebd., S. 77.
44 ORF, *Zeit im Bild*, 30. 1. 2012.
45 Heidi Pretterhofer, Dieter Spath, Kai Vöckler, *Land - Rurbanismus oder im postruralen Raum*, Graz 2010, S. 25.
46 Christian Maryška, Michaela Pfunder, *Willkommen in Österreich*, Wien 2012.
47 Der aus Garmisch stammende Stefan Glowacz.
48 Elisabeth Längle, *Der Arlberg*, Wien 2011, S. 176.
49 *Die Presse*, 13. 5. 2012.
50 http://www.sattelhochstuckli.ch/de/winter/attraktionen/Haengebruecke.php, abgerufen März 2012.
51 CD *Qualtinger in Linz*, 1965.
52 Wolfgang Lexer, *Zerschnitten, versiegelt, verbaut?*, Wien 2004.
53 www.umweltbundesamt.at, abgerufen März 2012.
54 APA, 10. 10. 2011.
55 APA , 10. 2. 2012.
56 Maria Vassilakou in *Die Presse*, 15. 9. 2011.
57 Markus Metz, Georg Seeßlen, *Blödmaschinen*, Berlin 2011, S. 343.
58 MA 18, MA 19, Architekturzentrum Wien (Hg.), *Architektur Wien*, Wien 1998.
59 *Der Standard*, 30. 7. 2011.
60 *Kronen Zeitung*, 11. 4. 2012.
61 Günther Nenning, *Forum 1984 bis 1986*, Wien 2004.
62 Konrad Paul Liessmann, *Schönheit*, Wien 2009, S. 49.
63 Ebd., S. 64.
64 *Profil*, 12. 11. 2005.
65 Theodor W. Adorno zit. nach Konrad Paul Liessmann, *Schönheit*, Wien 2009, S. 65.
66 Michael Stausberg, *Religion im modernen Tourismus*, Frankfurt/M. 2010.
67 Heidi Pretterhofer, Dieter Spath, Kai Vöckler, *Land - Rurbanismus oder im postruralen Raum*, Graz 2010.
68 *Die Zeit*, 10/1995.
69 *Die Zeit*, 10/1995.
70 *Der Standard*, *Album*, 21. 1. 2012.
71 *Süddeutsche Zeitung*, 21. 2. 2012.
72 *Der Spiegel*, 30/2011.
73 Karl Rosenkranz, *Ästhetik des Häßlichen*, Stuttgart 1990.

Bibliografische Information der Deutschen Nationalbibliothek
Die Deutsche Nationalbibliothek verzeichnet diese Publikation in der Deutschen Nationalbibliografie;
detaillierte bibliografische Daten sind im Internet
über http://dnb.d-nb.de abrufbar.

2. Auflage, 2013

Lektorat: Andreas Deppe
Covergestaltung und Satz: Fuhrer, Wien
Coverfoto: © Peter Rigaud
S. 180: Pieter de Hooch, Trinkende Frau mit zwei Männern, Gemälde, um 1658
Alle weiteren Abbildungen: © Tarek Leitner
Schrift: PFDinTextPro-Light & Thin, Romain BP Headline
Papier: Munken Print White

ISBN 978-3-85033-659-8

Christian Brandstätter Verlag
GmbH & Co KG
A-1080 Wien, Wickenburggasse 26
Telefon (+43-1) 512 15 43-0
Telefax (+43-1) 512 15 43-231
E-Mail: info@cbv.at
www.cbv.at

Gedruckt in der EU